KINGDOM OF LIES

UNNERVING ADVENTURES IN THE WORLD OF CYBERCRIME

禍駭

網路犯罪世界的第一手紀實

凱特・法茲尼——著
王惟芬——譯

獻給諾亞（Noah）和扎赫拉（Zahra）

我從事的這項工作，不需要任何武器，
是最不崇高的一種。
當中有巫師術士，有孤苦無依的人，
有笨手笨腳的、眼睛眨個沒完的、手指肥大的、不可知論者，
祈禱口吃能得救的、腸胃脹氣的，還有躲在壁櫥偷哭的，
都是冒牌貨。
我就是其中之一。
一月，貓頭鷹的月分，
築巢，我是一個見證人，也是一微不足道的小東西。
忘恩負義的王國。
謊言的王國。
為所欲為的王國。

——露西．布羅克．布魯多（Lucie Brock Broido）

目次 *Contents*

序幕　燕子

芮妮・克羅茲（René Kreutz）才十五歲，但是在一個星期四的放學後，她跑去一家俱樂部喝酒跳舞，那是在羅馬尼亞一個中型城鎮的外圍地帶。

那是二〇一三年底。他們為她演奏一段即興表演，翻唱加拿大歌手「國民甜心」卡莉・傑普森（Carly Jepsen）的熱門暢銷歌曲〈有空叩我〉（Call Me Maybe）。

這家俱樂部門口的保鏢不會讓太多十八歲以上的傢伙進來，所以她覺得在這裡還算安全。無論如何，她身旁圍繞著她的一群女友。她們咯咯發笑。喝著沒什麼酒精的飲料。

他們圍成一大圈跳舞。有時，會有人進到圈子裡，跳一組傻氣的動作，通常比較像是從芭蕾舞老師的動作改編來的，而不是流行舞蹈。這首歌會讓人跳動、揮手和搖頭甩髮，而她確實如此。音樂聲音太大了，很難交談，或者做任何事。

Hey I just met you（嘿！我才剛剛見到你）

芮妮放聲高歌。她咧嘴大笑，左右搖擺著頭，任憑赤褐色的頭髮飛舞，拍打到她朋友的臉上。他們笑了。

與此同時，在遙遠的中國，周波林這位官方駭客辭去了政府的職位，過去他主要的工作是竊取美國公司的智慧財產權。此刻他正在一家主要做外國人生意的上海酒吧裡，喝著便宜的啤酒，他剛在一家大型酒店找到洗碗工的工作。酒保打量著他，他知道他很快就會被趕出去，因為他跟那裡高端的歐洲客人格格不入。他很驚訝他們竟然會先來服務他。

他用手機盡可能在他剩下的一點時間內，查看了所有連接到酒吧免費 Wi-Fi 的商務人士的電腦，他們全都在用沒有安全加密的無線網路。

他認真考慮了種種可能性。

And this is crazy（這樣做真是瘋狂）

在羅馬尼亞，從未見過中國人的芮妮繼續左右搖擺並旋轉舞動著。

與此同時，在遙遠的華盛頓特區，國家安全局（National Security Agency，ＮＳＡ）兼中央情報局（Central Intelligence Agency，ＣＩＡ）局長麥克・羅傑斯上將（Admiral Michael Rodgers）正在跟美國國會報告網路威脅，將這問題與核武相提並論。他說：「網路動態與核武大不相同。在這裡我們不僅要與民族國家打交道，還得處理群體和個人，因為網路技能相對便宜，而且易於獲得，這與核武模式非常不同。而這正是問題所在。」

芮妮從未見過美國人。她沒聽過國家安全局，也不知道海軍上將是何方神聖。

But here's my number（但這是我的電話號碼）

在羅馬尼亞，芮妮進入她的女孩朋友圍成的圈圈裡，開始跳一場愚蠢的舞。她假裝自己的酒杯是麥克風，然後放聲高歌。

與此同時，在不遠處的德國，一位在網路犯罪界相當有分量的三十多歲人士，人稱「席格」的席格瑪・海梅爾曼（Sigmar "Sig" Himelman），有感於自己做了太多非法勾當，當中有些甚至惹到當地警察，因此覺得是該離開德國的時候了。他已經處理掉幾台電腦和硬碟驅動器，也不再接電話，而且馬上要將這些手機全都毀掉。他收拾行李，準備前往其他地方，對那些喜歡創新的駭客來說那裡更為安全。羅馬尼亞。

芮妮從未見過來自德國的人。她過著有點與世隔絕的生活。這場高中生聯誼活動即將和她一起陷入麻煩。就是現在。

但是在不久的將來，她在網路犯罪界將比席格更具影響力，會成為周波林的競爭對手，也是羅傑斯即將面臨的大問題。

So call me maybe.（所以，有空叩我）

也是在同一時間，卡爾．拉米雷斯（Carl Ramirez）站在位於曼哈頓中城的現在銀行（NOW Bank）大樓內的一間大廳，他從來沒弄清楚，為什麼要把這間設計成像是加號的形狀。

他面對一張很久沒人用的接待員桌子，上面覆蓋著灰塵。在桌子後面，有一道玻璃牆，可以看到外面的七層樓，下方有個中庭，銀行部門那邊的人會去那裡，坐下來喝咖啡、吃早餐。樓下的那些銀行人士和樓上的許多銀行主管都還不知道，金融業即將受到恐怖分子的襲擊。

卡爾是一位不擺架子、行事果決的銀行主管，擁有卡內基梅隆大學的工程學學位，帶著喜劇角色中傻子皮爾般的笑容，他前來救援。他到這裡是為了拯救世界。

沒有人出來接待他。在他的後面，從左到右有三扇上鎖的門。他的手機壞了。即使這層樓擠滿了員工，大廳還是一片死寂。

卡爾心想，這場景就像是一部末日電影中殭屍出現前的畫面。卡爾再去試試看那些門，好運沒有降臨，仍然都鎖著。

他拿起接待櫃檯上的電話，聽筒的接線已斷了。實際上，電話線也早就拔掉了。桌上放著四根迴紋針，排成一排，緊挨著兩個空的三環活頁夾，每個活頁夾上都印有弗勒．史坦斯伯里（Fleur Stansbury）的金葉徽章。

這時是二〇一二年，世界還沒有結束，但是四年前，當弗勒·史坦斯伯里集團在一夜之間解散時，有人迅速把這張桌子清空。弗勒·史坦斯伯里搬出去，現在銀行搬進來。卡爾知道，根據交易量、分行數量、客戶數量和全球辦事處數量而言，現在銀行算是世界上數一數二的大銀行。就任何可以衡量的標準來看，現在銀行的規模絕對是非常龐大，每天都有數以兆計的美元流經這間銀行廣大的電腦系統。

大家都懶得來清理這張桌子，也沒人想到要僱用新的接待員，因為這層樓是給技術人員而不是銀行人士的。這間辦公室不會用來接待任何大手筆的投資者，不會有華爾街上闊氣搖擺的傢伙前來，不會再有。

卡爾拿起其中一個資料夾，夾在胳膊下，他需要一個東西來裝今天這起事件的安全報告，而布滿華爾街塵土的遺物似乎再適當不過。在他上方，有盞螢光燈在閃爍著，裡面有些死蒼蠅。

卡爾將他的 PowerPoint 簡報夾放活頁夾裡，當中介紹的是即將要發生的事，一場名為「阿巴比爾行動」（Operation Ababil）的恐怖襲擊。這是起計畫周詳的網路攻擊，而且可能是由握有驚人資源的組織所策劃的，這個組織自稱為艾茲丁卡薩姆網路戰士（Izz ad-Din Al

Qassam Cyber Fighters）。

這裡先補充一段小歷史：現在銀行的網路資安團隊在四個月前第一次與這個集團交手，當時他們組織攻擊了銀行的網路。他們聲稱，這次的襲擊是為了報復美國在敘利亞的政策和其他針對什葉派穆斯林的問題。那時艾茲丁戰士駭進現在銀行的主要網站。

這情況發生時，銀行的整個公司部門，包括其主管、董事會和客戶，都只能去找現在銀行的網路資安團隊求助，讓他們找出到底發生什麼事。但他們卻發現一群毫無魅力、沒什麼存在感的書呆子盯著他們，這些人的穿著品味很差，身上是那種隨便一套的成衣西裝，也不打領帶。他們當中甚至還有些人是穿運動鞋，不是只有上班途中穿，而是整天都穿著。他們講一些內行人才聽得懂的玩笑，使用一些怪異的技術用語和詭異的安全性術語。他們看起來讓人毫不放心。

因此，四個月來，卡爾的網路資安團隊經歷了一場前台培訓。他們去了男裝店，認識裁縫的工作。他們爭先恐後地學習 PowerPoint 的簡報技巧，練習如何以艾茲丁事件來取得更多的預算，他們需要這筆錢，因為他們所有人的收入都比在科技公司的朋友少得多，也比在政府的友人少得多。員工的這種補償心理，讓卡爾的老闆喬伊明白，以後要僱用到好人才會越來越困難。

所以，他們現在到這裡，繼續嘗試要如何向一群在日常工作中享受高檔技術服務經驗的主管來解釋一套極為複雜的情況和協議。這些人很少去找技術人員，當他們去找時，都將這些技術人員視為麻煩。

惡名昭彰的駭客很多，卡爾應該知道，因為他是當中的佼佼者。他喜歡這起網路恐攻時間軸的簡潔優雅，因為這為他提供了一個時間表，可以在這段時間內打量可敬對手的分量與能力。這不僅是因為將這些攻擊步驟組合在一起的人知道自己在做什麼。而且他們有自己的風格。

這是現在銀行與艾茲丁戰士之間的戰鬥。

遊戲開始。

前言　謊言王國

我在展開資安主管的職業生涯後沒多久，就發現所有人都在騙我。

最大的謊言是打從一開始就聽到的——網路安全很難，太艱深了，對於沒有經過多年專業技術培訓的人來說，這肯定太困難了。那裡不是作家該去的地方。

光是那堆難以理解的行話，似乎就足以擋住像我這樣的門外漢進入這個領域。他們告訴我，除非我花很長的時間來鑽研這些術語行話，否則永遠都別希望能搞懂。除非我取得一張張專業又複雜的認證，除非我知道如何拆解電腦，還能重新組裝回去。又或除非我知道要怎麼用 Python 來編碼，還可以讀懂並解釋這些程式碼，並且找出問題的所在。

而且，就算我設法學會這些術語行話，接下來的學習也是漫漫長路，難以克服。

謊言、謊言、都是謊言。

不幸的是，資安人員的需求與實際可填補這些工作職缺的人才數量間存在著巨大的鴻溝。我認為，其中一項原因就是因為大家無法想像自己能夠從事這種工作。

你會用智慧型手機嗎？會製作 PowerPoint 這種投影片簡報檔嗎？行事果斷？是否曾經安排朋友度過一場電影之夜，且一切進展順利，沒有人因此出車禍？如果是的話，歡迎走上二十一世紀最熱門的一條職業道路。你知道要如何討女人歡心嗎？你逃過一場暴力婚姻嗎？是否曾經在家中舉辦過小孩的生日派對？如果其中一個答案是肯定的——親愛的，我要你加入我的網路資安團隊。

讀完本書的故事後，你會了解真正讓網路安全變得複雜的是人性本身的複雜。因此，如果你知道要如何與人打交道，就可以處理網路安全問題。如果你通曉如何讓人在網路上勾選之道，那麼你不僅可以識別威脅，還已經領先你的對手。

在我的職業生涯中，先後擔任過跨國公司網路安全主管、《華爾街日報》以及全國廣播公司商業頻道（Consumer News and Business Channel，簡稱CNBC）的記者和喬治城大學的教授。我遇過許多不可思議的人，從惡意攻擊的駭客到試圖阻止此類事件發生的專業資安人員，還有一批負責損害控制的政府機構高深莫測人物，但最終他們都是某個人的父親、兒子、母親、姐妹和配偶。換句話說，他們就跟你我一樣。是的，在駭客界中，從白帽（white hats）轉為黑帽（black hats）的頻率比你想像的要高，而他們之所以改變陣營的理由，就跟我們其他人一樣，受到相同的慾望所驅使，即使有時候，感覺起來好像資安圈的每個人都對事實真相過敏，避之唯恐不及。

身為一名專業人士，我聽聞過關於這個我後來熱愛的領域的許多謊言。在成為資安記者後，我聽到的又更多。像是：

「讓我向你介紹駭客社群……」

這句謊言通常還會伴隨眨眼和點頭示意，來自那些自以爲認識地球上每個駭客的人。事實的真相是，根本沒有所謂的駭客「社群」。

當然，那些在大型年度會議上引起滿堂轟動的人可能會不同意。但是，在每個國家、每個政府、每個領域，每個團體都有相對應的駭客社群。其中有些非常保守，有些則非常自由，但大多數的都介於兩者之間。有些人白天穿西裝打領帶，從事像律師一樣的工作，另一些人看起來就像尋常百姓，在追求他們自己特有的計畫時，才發揮他們強大的人際交往能力。

有些駭客其實是好人，只是受夠了低薪和無聊的工作，因此成為罪犯。有些則原來是罪犯，最後卻改邪歸正。許多進入這一行的人，有可能是依循前者的模式，再不然就是走上後者的路子。

有些人，包括即將在這本書中遇到的許多人，都是技巧高超的駭客，他們根本沒有時間或意願與任何社群建立聯繫。

身為一名記者，讓我感到驚訝的是，有很多駭客願意對我開誠布公，提供我進入這個社群的特別路徑。我不禁注意到，「駭客社群」源頭的成員通常就只是一般人。我的意思是，在這個領域有很多不同類型的人，但我可以向你保證，他們當中有很多人就和你我一樣。

還有另一句謊話：「他是資安領域的佼佼者。」

他恐怕不是。在這個領域，名聲和才華通常並不相稱。我遇到的真正天才都不有名，而且大多數沒有在社群網站上留有資料。他們往往不會對他們專業知識之外的領域做出任何評論。

那些經常擔任會議主持人，能夠應邀接受我採訪的人，通常都沒有隱姓埋名人士的這份洞察力。知名駭客通常願意分享公開出來的，其背後都有明顯的重大意圖，我早就學會在老遠就將其識破。即使沒有留下什麼紀錄的對話，不論是政府高級官員，還是其他知名網路安全公司的大人物，他們透露的內部資訊其實鮮少有什麼新意涵。

在這個世界上（以及在本書中）為我釋疑解惑、點亮明燈的人，是那些從來沒有響亮頭銜的真正從業者。你絕對沒有聽過他們，而且可能永遠不會，況且基於保護他們隱私的緣故，我都將名字改了。

這些人之所以傑出，並不是因為他們的學歷，或是製造出什麼登上頭條的事件，而是因為他們帶了一盞明燈，可以指引他人前進。這類人的後面通常不會有公關團隊。

我最喜歡的一個謊言是：「他不知道他自己在說什麼。」

這通常是那些自以為比其他任何人都了解資安領域的人所說的。這些人會吹牛，說他們知道當駭客的感覺，並且可以做到其他人無法做的事情。

我總是對那些矮化其他資安人員專業知識的人保持警覺。這個領域的深度和廣度非比尋常，因此每個從業者都專精於這領域的某一部分，我還沒遇過通曉整個領域的人，連稍微接近的也沒有。

事件的觀點取決於觀察者的角度，他的見聞、他本身的專業知識，這些都會影響到他的觀點，而這會隨時間而改變。這就像讓居住在第五大道廣場飯店裡的人描述曼哈頓，然後再讓居住在東哈林區中途之家的人也來講講。同一主題，從不同的參考點來看，勢必會出現截然不同的影像。

然後是最後一個謊言，這是最難引起爭議的謊言，是一種「馬基維利技術奇蹟式」（*Machiavellian technological wonde*）的謊言，來自《龍紋身的女孩》超強女駭客莉絲・莎蘭德和美國心理驚悚電視劇《駭客軍團》（*Mr. Robots*）。媒體喜歡以非黑即白的二維鏡頭來呈現駭客、資安專家和情報專業人員；他們不是善良的十字軍，就是邪惡陣營，而且全都穿得一身黑。

我讀過無數篇新聞報導，將我認識的那些網路安全專才描述成靠著他們對電腦科學的敏銳度，在暗處操縱傀儡的大師。無論好壞，我見到這些人經歷過和你我相同的凡人經歷，我想要告訴你他們的故事。

過去十年，我一直在資安領域工作，並觀察這個網路世界。我的一些聯繫人是罪犯，遊走在真實與虛構之間的界線。我竭盡全力查證過他們的故事，力求正確，或者至少在我看來是合理的。

在我動筆寫書之際，這個行業大約只有九％是女性。我認識她們當中很多人，也許是因為我們是相對少數的關係。為了解決網路安全工作短缺的問題，到二〇二〇年將需要花費數百萬美元，我們也得更認真地招募女性進來。這聽起來像是在說我們得面對某種嚴峻的挑戰，但事實並非如此。對女性而言，這是自然的職業。

過度警覺、小心怕事，還會根據接二連三發生的事情發想可能導致的災難，提出大家意想不到的恐怖情況；這通常是阻礙女性進入職場的三種病態，也正好是許多新手媽媽的三大特徵。但是在這個領域，這些反而是巨大資產。我的職業生涯讓我明白，也許受過這些苦難的女性更適合從事這些資安工作，可善用她們的焦慮感來賺大錢。

在我進入這個領域時，沒有想到會為此寫一本書，我只是想認識更多這些在我人生中進進出出的有趣人物。寫書跟寫新聞很不一樣，因為我對在這裡寫的一些人並不會抱持客觀的態度。我在書中描寫到的人，有許多是我的朋友，但有些我則視為敵人。我將他們的故事保存下來，寫成這本書。

說到底，這本書是關於控制的。人在與技術產品互動時所做的一切，都有一個共同的主題，那就是希望以有利自身的方式來控制環境。我們做出的每個技術決定幾乎都是受到心中最想實現的願望所驅動。

每一項創新的催化劑，每一條前進的軌跡曲線，都是來自於想要控制某件事物或某個人，甚或是所有的人事物。也許是靠科技，也許是靠權位，也許是藉助才華，也許是搭配某種技巧。最後得到的獎賞就是高高在上地握住韁繩，操控這頭我們創造的龐然巨獸。在任何一秒鐘，都有成千上萬的人爭先恐後地為此努力奮鬥。

當然，你早就知道誰才是**真正**在控制的人。因為你對網路安全的認識比你想像得還要多。

第一章　未來威脅

卡爾知道，如果銀行的網路系統充滿數據包，他們將無法處理流量問題，網路應用程式將會過載，銀行的網站會因此而癱瘓。屆時客戶將無法辦理銀行業務，或是付款，推文將會大爆發，客服中心的電話會響個不停，像是一支虐待狂合唱團，銀行主管的臉色將會**很難看**。

那正是九月發生的事情，也是恐怖分子現在想做的。這是他們發動的第二次攻擊。**但是這次最好不要又被他們得逞**，過去這幾週以來，卡爾一再聽到這樣的話。**不能再發生了**。

卡爾壓根不在乎為什麼會發生這種事，但銀行那邊的人都想知道。因此，在喬伊的報告中，他解釋了恐怖分子之所以攻擊的原因，這其實沒什麼道理可言，顯然是艾茲丁卡薩姆網路戰士自己在網上提出來的，他們說有一位名叫泰利．瓊斯（Terry Jones）的美國傳教士揚言要燒毀古蘭經，還有人在YouTube上放了一段批評伊斯蘭教的影片，而艾茲丁卡薩姆網路戰士想要阻止這兩者。另外就是以色列，這個團體對以色列的意見很多。

艾茲丁卡薩姆網路戰士聲稱他們很仁慈地將行動暫緩了四個月。因為美國有總統大選，又遇上桑迪颶風，所以延後第二次的攻擊。

但這全都是胡說八道。

因為銀行一直遇到這種事，一直遭遇到分散式阻斷服務攻擊（Distributed Denial of Service，簡稱DDoS），有的是心懷怨恨打抱不平的青少年，再不然就是閒來無事的外國人，另外還有介於兩者之間的各類型駭客。他們到處都是。特別是在金融危機之後，匿名者團體（Anonymous）和激進主義者對金字塔頂端這「百分之一」的敵意激增。

卡爾和喬伊以及網路資安團隊之前已經阻止過多起DDoS攻擊。但是艾茲丁卡薩姆網路戰士不一樣，他們不僅技能高超，還有自己的硬體設備，而且有人，很多很多的人。他們不是一群組織鬆散的二十多歲的恐怖分子，分散在東歐各地；也不是某個地方地下室裡的一些孩子，他們是一整個民族國家。

具體來說，就是伊朗。

在接下來的幾天，卡爾和其他五名安全專家組成的團隊繼續跟這些壞人戰鬥。卡爾整天都在辦公室，他們將那裡的空調設定在最冷，好讓每個人都可以保持清醒。會有人不斷從餐廳帶來三明治，主管進進出出，有些會站在他旁邊，批評指教一番，做些重要的手勢，慎重其事地嘆口氣，然後再次離開。

他們給這攻擊一個代碼，叫做深藍（Deep Blue），日以繼夜地討論，有時還在電話上談好幾個小時。越來越多人加入，其中一些卡爾從未見過，另外一些甚至不是這間銀行的顧問。攻擊持續的時間越長，捲入這場危機的人就越多。而這確實是一場危機。之前從來沒有人見過這樣的事。從外到內，從內到外，唯一變得明朗的只有一件事：銀行主管得將網路安全列為優先工作。不是明天，不是下週，而是現在。

越來越多西裝筆挺的人進來，饒有興味地看著卡爾坐在電腦前與伊朗網軍對抗，他每一天都過得很不爽，變得離群索居、孤軍奮戰。這些襲擊超出了他同事的技能，他們只能在一旁擔任輔助角色。卡爾是一位**真正的**駭客，非常出色的駭客，見識過大風大浪，但從未遇到過如此大規模的攻擊。

然後突然間它結束了，就像這場攻擊無來由的開始一樣。終於有人移除了 YouTube 上愚蠢的反伊斯蘭影片。艾茲宣布這次的戰爭結束。卡爾無法相信，他坐在辦公桌前，手指放在鍵盤上，精疲力盡，吸收太多咖啡因，喃喃自語一陣，心中揣想是否真的結束了。

每個人都回家了，卡爾還在那裡為銀行董事會準備另一份安全報告。他們要求他預測下一次發動攻擊的時間。他考慮了一下，然後在電腦上開始輸入。「未來威脅，來自武裝雄厚的民族國家的一種網路威脅……」。

卡爾重新思考了一下，按下刪除鍵。**未來威脅是一個垃圾術語**，他心想，可能是某個愚蠢的政府官員發明的用語，這會讓那些銀行家的眼光呆滯，他可不想要那樣。他吸引了他們的注意力，而且他希望保持這份關注，因為「深藍」為卡爾及和他網路資安團隊同事創造了千載難逢的機會。

還有他的老闆。受到員工愛戴但經常被上司責罵的喬伊．馬塞拉（Joe Marcella）這時衝進了辦公室。卡爾注意到，他每次都是這樣進來，這就是為何有些同事會給他取了「酷愛人（Kool-Aid Man）」的綽號，這是潘趣酒飲料廣告中那隻龐大的吉祥物。喬伊身材高大，比卡爾重了約七十公斤，當他開門而入時，看上去就像是使出重重一拳打穿牆壁那樣。

「你他媽的上哪兒去了？你能相信嗎？幹！那批西裝筆挺的人，竟然還要另一份關於這狗屎的他媽的 PowerPoint 簡報。」

卡爾微笑。喬伊是他的朋友。喬伊講話很直，這還是含蓄的說法，不過他有辦法贏得員工的心，而這從頭到尾都是靠著他與高層爭取高薪所建立起來的。喬伊不會待到ＤＤｏＳ的攻擊結束，會有那些不會為他們爭取高薪的行政主管來取代他的位置，後果可想而知。

不過這是一年之後的事。目前，卡爾要處理的是，現在銀行的高層主管突然間關心起資安，而銀行家表示關心的方式就是給錢。

卡爾寫道，「其他敵對國家將會使用DDoS攻擊，這是一種掩護手段，他們會趁機進入我們的網路，持續待在那裡，目的是要長時間祕密收集資訊。」

卡爾揉了揉眼睛，關上筆電。當他走進已是漆黑一片的大廳時，他像槍手一樣，朝他的指節吹氣。

＊　＊　＊

大約在同一時刻，前空軍司令鮑伯．雷科夫（Bob Raykoff）正在讀他自己的新作，這是他和一位代筆作家為下一本他掛名的教科書剪貼拼湊出來的。

要因應網路空間的未來威脅，我們勢必要採取某種類型的進攻行動，迄今為止做的僅是積極防禦。要確保這些主動防禦措施的安全性，唯一方法就是據此設計出明確的軍事協議，在可能的範圍內，還要與其他合作國家（甚至是敵對國家），建立起更健全的國際規範戰術來抵禦網路攻擊、網路偵察和種種其他伎倆。

鮑伯·雷科夫（Bob Raykoff）是最早使用「未來威脅」一詞的那群人。他正在寫他的新書，而且用這個詞來當作某一章的標題。他對未來威脅一詞著迷不已。他一直在觀察針對各家銀行發動的DDoS攻擊，並且在想誰會趁機利用伊斯蘭人造成的騷動。是中國人？還是俄羅斯人？

絕對是俄羅斯人。鮑伯**討厭**俄國人。

今日與敵人交戰的軍人可能鮮少考慮到……他們在數位世界可能造成的損害。就跟空中或無人機進行的軍事行動一樣，軍事人員可能不會與受攻擊影響的那一方有重大或密切接觸。網路戰的連帶損害，尤其是在很可能會發生這些戰爭的私領域，也許會造成災難。

從現在開始，再過一年多，鮑伯將成為卡爾的老闆。他們倆人目前都還不知道，甚至也無法理解這種可能性。鮑伯對網路安全認識很多，但是他不知道的可能更多。不過，就現在銀行遭受DDoS攻擊的後果而言，他對錢的看法是對的。這將會是一場災難，會產生嚴重的連帶損害，而他也將處於其中。

在華盛頓特區郊區的辦公室裡，鮑伯再次琢磨著這份未來威脅。

絕對是俄羅斯，他這樣想。**或者是中國**。

事後證明，這份未來威脅既不是俄羅斯也不是中國，而是一個生活在羅馬尼亞鄉村的十五歲女孩，她那時正在震耳欲聾的音樂中跳舞，幾乎連自己的想法都聽不見。

* * *

芮妮．克羅茲看到她另一群高中朋友進來這家臨時俱樂部時，高興地放聲大喊，這裡是特蘭西瓦尼亞區的雅尼卡瓦爾卡（Arnica Valka）小鎮。這座小鎮幾乎沒人聽過，大家只知道這是個中繼站，在往返布加勒斯特和布達佩斯的途中，可以停下來吃個午餐。

芮妮有點醉了。對現在的她來說，這家俱樂部就是世界中心，其他任何地方都該繞著這地方旋轉，繞著她。

她跳著舞，站在一群大汗淋漓的青少年中心，對著正在演唱一首熱門歌曲的布加勒斯特說唱歌手喊叫著歌詞，一半是英語，一半是羅馬尼亞語，叫做Americandrim。當中引用了流行文化中知名的人事，從可口可樂、MTV、小布希總統到麥當勞。

I can be what I want to be（我可以成為我想成為的人）

Losing my identity（失去我的身分）

芮妮的朋友大聲喊出最後一句歌詞，餘音繚繞在上方烏黑的空氣中。她周圍的一切聞起來都像是廉價酒和櫻桃味的唇彩。實際上，芮妮的飲料喝起來也像櫻桃味的唇彩。

人生如此還有什麼好追求的？醉了的她開心地想著。

有。而且實際上還有更多。三年內，不擅長電腦但魅力十足的芮妮將成為世界上最有影響力的駭客之一，而且幾乎就在一夜之間。

芮妮和她的朋友擠在一起，用老舊的摩托羅拉（Motorola）手機一起自拍，還伸出兩隻手指比了個YA的手勢。

* * *

大約在同一時刻，在莫斯科，全球舉足輕重的駭客瓦勒利・羅曼諾夫（Valery Romanov）也正在自拍。擺出他最喜歡的姿勢——頂尖駭客瓦勒利・羅曼諾夫與成堆的現金。

瓦勒利穿得像是美國辦公室情境喜劇中的臨時演員：短袖的鈕扣襯衫，卡其布的材質，而且還沒燙平。金髮且矮胖，他並沒有把焦點放在自己那張平淡無奇的臉上。那張照片的重點是成堆的鈔票現金，這才是這張自拍照中真正的明星。他也比出YA的手勢。

瓦勒利剛剛看完銀行內部網路中針對現在銀行發動的ＤＤｏＳ攻擊。他也有參一腳，但不是因為愚蠢的伊斯蘭理由。他喜歡現場戰鬥，就像是看付費影片，但卻是免費的。他面帶微笑凝視著他旁邊的一瓶伏特加。

他看著銀行的開放埠，這是這個龐大企業中無人看管的部分，心想ＤＤｏＳ攻擊對某人而言是個大好機會。由於銀行正把所有資源都投入在對抗ＤＤｏＳ的攻擊中，因此這些資料都沒有人看管。

瓦勒利注意到，這家銀行發行的所有信用卡現在都過期了。有人在銀行抵禦伊朗人進攻時，偷溜進去修改。但不是他。這次不是。

這些日子瓦勒利忙得不可開交。ＦＢＩ對他緊追不捨，還有國際刑警組織，現在又加上行動出乎意料地迅速而且作風十分駭人的法國外部安全總局長（Director Générale de la Sécurité Extérieure）。他喝得太多。他的新未婚妻懷孕了，和現金一起自拍讓他覺得好過些。

兩年前，他在馬拉喀什的咖啡廳用餐時，遇到恐怖襲擊，餐廳被炸毀，他就這樣陷入了這場愚蠢的伊斯蘭混仗中。現在他的頭有部分遭到切除。在恐攻前和經過一小段時間的休息之後，他是世界上最厲害、最多產，也是最有影響力的駭客之一。

這時是二〇一二年，他快玩完了。

第二章　冒牌貨

卡洛琳．張（Caroline Chan）是個殺手。

她的新老闆並不知道這一點。他今天與她碰面時，壓根不會想到。而且他永遠也不會知道。

卡洛琳在全球規模數一數二的這間銀行工作。她不穿套裝，也不在曼哈頓。她是在紐澤西州的一間後台辦公室工作，不用精心打扮。

卡洛琳的職務一般稱為企業財務管理人員，處理銀行的資安相關業務。她解決當中的一切麻煩事。她負責編列預算；建立包含工程師、技術人員和安全主管的團隊；並防止他們彼此相互鬥爭。

她還僱用駭客。從大學畢業以來，她從事這行將近二十年了。在銀行不知道需要僱用駭客時，她就開始在僱用駭客。她是駭客的吹哨者，而他們是她的龍。

卡洛琳是位身高一百五十公分的嬌小華裔女性，講起話來帶有紐澤西州的口音，她的丈夫是愛爾蘭裔的天主教徒。她不會在董事會會議上發飆。她寧願把精力放在造福成為她朋友的人，並在紐澤西州郊區打造舒適的生活。

她總是將麥克風交給其他人，不多做發言。在退休歡送會上，她會去挖冰淇淋分給大家。她會在同事的工作週年紀念日那天放一張成就證書在他們的桌上。她是在暑期實習生結束後擁抱他們的人。她做所有大家不想做的工作。

但是，天哪，如果你與她交手的話……

卡洛琳培育駭客。她在他們年輕時就網羅進來，看著他們孵化，變成一尾活龍。他們當中有許多人成為生產力豐富的銀行雇員，測試銀行網路，並不斷升職，爬到主管階層。這間銀行擁有三十萬名員工，比大多數城市的規模都要大。現在她養的龍都長大了，在整間銀行展翅高飛。她保護他們，不受那些穿西裝的人騷擾。她相當於網路安全世界的丹妮莉絲・坦格利安，也就是《冰與火之歌》中的龍后。

卡爾也算是她的龍。現在，他是新加坡的高階經理。她確保在DDoS攻擊後他得到照顧。只要龍完成任務，她就會好好照顧他們，而龍總是使命必達。

沒有人比卡洛琳知道更多的骯髒事。所有那些在克雷格分類廣告網站（Craigslist）上給妓女評分的主管，她都知道他們的姓名。還有那些自創應用程式，以便進行內幕交易的商人。她都在靜靜地看著他們。那些因為壓力而損失衍生交易，並且向中央情報局發送辱罵電子郵件的人，她也知道一些內幕。

還有那些主管推薦其員工參加的那些「消失的」聊天服務，她早已存下多個文件。

在過去全美最大的色情交易網站（backpage.com）上註冊公司電子郵件的高層主管——他們刊登的廣告不是要買春而是要去賣淫。哦，她現在也把這些資料暫時保存下來。

現在銀行中凡事做過和網路安全相關工作的人，都在為卡洛琳工作。不論是資深的、新來的，甚至是曾經上過ＣＮＢＣ電視台的一些大人物，他們全都曾進到一個房間，坐在卡洛琳的對面，將自己的簡歷滑過桌面，回答她的調查問題，並談好薪水。她像母親似的溫柔對待他們所有人。

在伊朗的第一輪ＤＤｏＳ攻擊結束後，是卡洛琳去打點那些拯救了這一天的人，他們有些窩在地下室，還有些是怪胎和怪人。她讓他們變得體面一些，好在公司董事會上做簡報，特別是在書面報告中。她以清楚的圖表、勞動力短缺和預算預測表來解釋駭客的作為，並且使用讓那些穿西裝的主管可以理解的語言。

是她為他們提出全新的預算表和數百個新職缺。董事會一意孤行，決定聘請一些新人來擔任資安部門的主管時，也是她去安撫他們；這些新主管，有軍方背景，談到他們在戰場和網路戰中的英勇事蹟，聽起來令人印象深刻。全是來自外界的人。

今天早上，卡洛琳拿出她最好的套裝，拍去上面的灰塵，準備前去曼哈頓，和這位新主管碰面。他擁有許多響亮的頭銜，但根據她的消息來源，他似乎對網路安全領域沒什麼基本認識，而且這些小道消息也指出，他似乎也不清楚銀行的運作或是員工的作業方式。儘管她自己也不信任他，她還是告訴同事要給鮑伯·雷科夫（Bob Raykoff）一個機會。

但是她仍然持懷疑態度。她利用其龐大的公司駭客網路來收集所有關於他的情報。充其量，他算是樂於助人。已經開始傳出他需要大量隨從的消息。比方說，他堅持出差時，要有隨從告知哪輛公務車是他的。不是一兩次，而是每一次。他還建議以高薪聘請一位前軍事將領，向銀行主管每週提出一份資安報告。據說會**慎重其事**地報告。

鮑伯·雷科夫（Bob Raykoff），之前軍方的大人物，然後擔任**顧問**，寫了幾本窮極無聊的學術教科書，討論駭客、地緣政治和網路間諜等沒有經過檢驗的理論。

給他一個機會，卡洛琳和他握手時微笑著這樣想。他似乎比她高出兩個頭。她心裡知道，並不是他的身高讓他看上去目中無人，好像她根本不在這房間裡一樣。她拿出她的四色筆和一本全新的筆記本。

他們交談。或者說，雷科夫開始說話。卡洛琳將擔任他的幕僚長。他不喜歡「業務經理」這個稱謂。卡洛琳知道銀行之所以將這一職務稱為業務經理，而不是幕僚長，是因為想要給予這職位某種中立性，是個保持清醒和疏遠的職位，不會有其他瑣事煩心，也不用與最高領導階層產生政治結盟。

行政主管理當能夠與銀行所有的人員互動。業務經理是組織者，但幕僚長是守門人。

守門人，他們不僅在企業中是個毫無用武之力的職位，而且對資安維護運作有殺傷力。卡洛琳知道這一點，網路安全界的每個人都知道。一位二十歲擅長檢查電腦程式的分析師必須在出問題時迅速向其高層主管發出警報，但守門人會阻止這種情況發生。當銀行為所有人購買新手機時，對移動設備安全性擁有獨特知識的天才工程師必須在這時脫穎而出；但只要有守門人在，這種情況就不會發生。

不過卡洛琳是位老練的職業婦女，如果她的老闆希望她擔任幕僚長，她就會稱自己為幕僚長。但是她會以正確的方式來做這項工作。她將管理他的業務，解決一切麻煩。

在雷科夫上任前不久，卡洛琳和其他在這次ＤＤｏＳ攻擊中留下來的人決定建立一個矩陣組織。對維持企業界的網路安全來說，這非常有效，因為員工人數很少，但要做的事情很多，每個人都有很多任務。

將網路資安團隊組成矩陣後，每個人——包括進行駭客攻擊、管理建築物、安裝技術設備以及與監管機構打交道的——全都將相互合作。

但雷科夫提出的想法剛好與這個相反。他要一個層次分明，自上而下的組織，有一位領導者（他本人）擁有全部的決策權，而下層的人僅向他匯報工作。這一招在軍隊中非常有效，將官必須知道他們的命令從哪裡來。但是這套方式在公司中成效不彰，尤其是在不依照命令來達成目標的組織中。企業靠的是花錢請來解決問題的聰明人，是靠他們自動自發完成任務。

試想一下，假設你是一名資安員工，需要修改一些銀行人士使用的軟體，這項修正將會導致這個軟體在工作日內離線四個小時。銀行人士希望能夠工作、賺錢並且達到他們的目標，他們必須用這個軟體來完成這項工作，因此他們會非常生氣。所以身為資安員工的你，不會命令他們這樣做，因為如果你這樣做，他們會告訴他們的主管，他們的主管又會告訴他的主管，然後整件事就會升級到高階經理那邊去，最後他會與你的高階經理大吵一頓，延後這項重要的安全計畫。所以，你不會這麼做，而是採用協商的方式。

你同意業務部門負責人延長時間的要求，因此有一半的停機時間是在工作日，其餘時間則安排在周日。你會製作一份圖表，準確呈現停機的重要性，這可確保他們的系統不至於出現最近發生在另一家銀行交易員間可怕的資安問題。身為資安員工的你，並不主導這件事，你的老闆也沒有；也不是那些銀行交易員或他們的老闆。除了股東之外，沒有人真正在「主導」什麼，所有事情都必須經過協商。

但是，一直在和卡洛琳談論經營策略、協同效益和最佳實踐的雷科夫顯然不相信或者不理解這套作業方式。雷科夫繼續講下去，卡洛琳明白她自己的位置也將不保，他顯然想要一位軍方的人——一個更加嚴謹、更有權威的人。他想要聘用他的一位好友。

他說，他希望與較低級別的員工隔絕。他討論了在幕僚長之下再增加好幾個階層來達到這一點，他心中已經有了一些人選。有了取代所有這裡人才的名單，甚至是剛剛證明自己價值的卡爾。

守門人的守門人。一陣厭惡感在卡洛琳心中油然而起。

這並不是說卡洛琳對於在必要情況下的離職感到難過，這本來就是銀行運作的方式，組織一直都在變化。但是她從來沒有想到得將她的一群朋友交到這樣一個人的手上，他擺明就是不了解僱用他的組織的運作方式。當他在辦公室踱步時，她的胃感到一陣陌生的焦慮感。他提到一些她不熟悉的網路安全層面，她認真地在自己的記憶和經驗中挖掘，試圖理解他所使用的術語。

這是政府行話，在企業中幾乎沒有相應的術語。然後，他又自我吹噓了一番，說他曾擔任前任美國國務卿康朵麗莎・萊斯（Condoleezza Rice）的網路安全顧問。他談到 *con-ops*，經營理念（Concept of operations），這聽起來有點熟悉。

「你的意思是商業計畫嗎？」她問道。

他茫然地看著她。

這兩人顯然陷入溝通不良的狀態。

而且情況越來越糟。他似乎對她開口說話感到生氣，脾氣變得暴躁起來。不屑一顧，**粗魯**。問她咖啡機在哪裡，還開玩笑地說這問題可能有點性別歧視。她強壓住自己的脾氣。憤怒有助於這一點。

他問她是否知道如何使用傳真機。她的眼睛皺了起來。卡洛琳擁有資安碩士學位和七項技術認證，她熟悉金融部門的安全，遠超過美國財政部的任何一個人。

他開始列出他想要僱用的所有資安人員名單，這是他給她的任務。他指定的人將取代她最珍愛、最忠誠的龍。那些她視如己出，猶如家人般的人。當中有她孩子的教父教母，還有些曾參加她的婚禮。當他們的孩子出生時，她與他們一起感動得流淚，甚至連他們孩子死亡時都陪在他們身邊。

他沒有正眼瞧過她一眼。他的眼睛一直聚焦在她頭上方那道牆的空白處。

他問她是否知道走哪條路去達紐瓦克機場最快。

她在做筆記。她用黑色寫下鮑伯・雷科夫的名字，當作標題。她按下四色筆上黑色的按鈕，再按下紅色的，在他的名字畫一條筆直的紅線。

「是的，先生。」卡洛琳面帶笑容地說：「我去幫您印地圖。」

出去時，卡洛琳在營運中心停了一下，她受到一些同事的熱情歡迎。她一一地擁抱他們。他們想知道這場會面進行得如何，她告訴他們很好。沒有人再說什麼，沒有這個必要。

雷科夫不知道，而且永遠也不會知道，他在現在銀行的職業生涯已經結束了。就在他與眾多駭客的母親的第一次會面的第一個小時，他就出局了。

這將是一個非常快速，但之後很緩慢的消亡過程。

＊　＊　＊

現在是俄羅斯聯邦符拉迪沃斯托克（Fladivostok）的凌晨五點十五分，在地球上的其他許多地方，仍是前一天，佛羅里達州的奧蘭多是下午三點十五分，華盛頓州的西雅圖是半夜十二點十五分，而以色列的台拉維夫是晚上九點十五分。

東尼．貝爾維德雷（Tony Belvedere）在奧蘭多國際機場。跟一群疲憊、滿身大汗的許多家庭在一起排隊，靜靜地等待著。空調設備壞了。他想像這是一種麵包車大小的巨型口香糖機，其上有一條複雜的管道，需要好幾分鐘才能送出一塊糖。兩個男孩一直往裡面送水。東尼看著。這場景確實令人著迷。

他正在去紐瓦克的旅程上。到達目的地後，東尼計畫開車到一個廢棄郊區的垃圾場，位於奧蘭治（Orange）社區，然後他將在那裡建立一家假銀行。這是他第五次做這種事。

他將在克拉克斯堡聯邦信用合作社（Clarksburg Federal Credit Union）內建立這家假銀行，主要客群是奧蘭治的低收入戶。他先用小小一筆十萬美元來賄賂信用合作社的董事會，允許他和他的團隊接管這筆款項。

他將用他所有的會員制體育紀念品收藏家集團的收益來支付現金。東尼討厭運動，但是熱愛金錢。這家名為奇幻簽名（Fantastical Autographs）的公司，主要是為符拉迪沃斯托克和台拉維夫的網路犯罪分子洗錢。將比特幣轉換為現金，購買偽造的體育紀念品，將這些髒錢過濾，然後透過真假銀行網來兌現。

東尼並沒有帶著那十萬美元現金飛行，那會被扣留。它被存在現在銀行曼哈頓中城的分行裡，是以奇幻簽名這家公司開設的公司帳戶，這間分行剛好就在卡洛琳．張所在的會議室下方十一層的樓面，她正坐在裡面，難過地想著她職業生涯的下一步。

東尼那批在台拉維夫、莫斯科和符拉迪沃斯托克的同夥也入侵了現在銀行。他們四處尋找銀行的網路，到處看看，在銀行的資產管理資料庫中尋找可能坑殺的下手對象，他們的詐騙手法是「拉高倒貨」，就是將股價拉抬後再逢高賣出。這類計畫的執行方式主要是打電話給那些資料上看起來很有錢而且耳根子很軟的人，會聽信銷售話術買下那些市值低於一美元的「仙股」。一旦他們下的單推高了罪犯大量持有的這些股票，這些騙徒便會「傾銷」這些毫無價值的投資，從中牟取暴利。

目前他們只會收集足夠的資訊，不會一次竊取太多，免得引發警報，驚動了銀行架設的許多複雜的網路安全工具的敏感雷達。剛好就行，一次一點。他們用低價股票來慢慢榨取這些人，然後獲取收益。一滴、一滴、一滴。

他們靠這種手法已經賺了將近一億美元。到月底，其中一些會流入那間信用合作社；另外一些會回到現在銀行。另外還有一些則用來高價收購那些偽造有美國職棒明星皮特・羅斯（Pete Rose）簽名的棒球。沒有一分錢會在某個時間點出現在某個特定的地方。

此時的台拉維夫，正值沉睡的時刻，但是他的同夥依舊醒著，透過一種稱為 Wickr 的手機應用程式來發簡訊給他，這是一種加密的安全訊息，閱讀後會自行消失。他們想知道在奧蘭治的銀行設置得如何。他們有太多錢，現在需要立即流出。他們當然不會講明，不過東尼心裡明白。

他們不僅入侵現在銀行，也進入一些小型銀行，還駭進一家諮詢公司，這是會計界的巨頭，甚至還上過《華爾街日報》。這一切全是為了相同的目標，尋找錢太多但是沒有什麼生活智慧的人。多虧了東尼和他的同夥，他們找到很多這樣的人。

在像現在銀行這樣的地方，駭客可以很容易地縮小目標，因為銀行已經幫他們做了一大半的功課，將富有的老客戶予以特別編碼。

現在的銀行有五個主要的業務類別：零售、投資、商業、資產管理以及公司核心，所有的律師、人資人員和技術人員都在核心部門工作。

零售部門負責監督所有銀行分支機構及其實體業務。這包括抵押貸款業務、汽車貸款、個人貸款、小型企業服務、私人服務和「財富管理」。以色列那邊的人可能對後兩者特別感興趣。零售部門服務的個人客戶資產是在五千萬到一億美元之間。還不夠有錢，不過這是行騙一次的好目標。如果他們要找的是信用卡號和支票帳戶，那零售部門就是一個不錯的下手目標，不過這不是他們要的。

然後是商業部門。這稍微好一點，因為這裡會進行大筆的買賣交易，這為其他類型的行動提供許多偵察機會。具體來說，在這裡能獲取足夠資訊，找到適合進行中間人攻擊的完美目標。

在這類計畫中，壞人會盡可能收集公司執行長的資訊。然後加以偽裝，透過任何數位的方式，說服他的律師或祕書趕緊將錢電匯到離岸帳戶，支付未兌現的發票。這些騙局有時一次就可賺到一千萬美元。

然後是投資部門。這是座充滿尷尬情事的寶庫，特別是進入那些無法不炫富的男性交易員的電子郵件。

這些傢伙一直夢想著有一天，就像《老千騙局》（*Liar's Poker*）所描述的那樣，他們會擁有一個超級營業員來幫他們賺進大把鈔票。殊不知那樣的日子早就過去了，但是二十幾歲的暴發戶沒有意識到這一點。他們甚至不在華爾街工作，他們在公園大道或布魯克林工作。有些才十六歲的俄羅斯人賺到的都比他們多，還不用繳稅。這些銀行家在電子郵件和簡訊中寫了太多自己業務的資訊。誰在收購誰，分析師會在下一系列股票推薦函中建議哪些。他們把有價值的演算法、業務計畫，高速交易的執行指令都存了下來，而且是漫不經心地儲存。傲慢。

然後是資產管理部門。沒有兩億五千萬美元以上的身家是進不去的。這裡是執行拉高倒貨計畫的首選。不過，這更小、更負盛名，因此很難進入。這可是攸關金錢和聲譽，銀行有加強保護這些客戶的傳統。

現在銀行就跟大多數的大型銀行一樣，是由一個特殊人物負責資產管理的組織經營——莉迪亞・德布菲（Lydia DeBuffet）。

莉迪亞・德布菲散發著一股非常特殊的魅力：自信但不浮華。她很漂亮，但並不性感。和客戶約談都是祕密舉行的，從未在公開場合透露什麼。莉迪亞聰明過人，人脈雄厚，絕對超過她所需要的，而且光是她一個銳利眼神，就足以削掉一塊義大利的卡拉拉大理石。

在許多方面看來，資產管理網路就像她一樣——完全無法穿透，除非你有兩億五千萬美元，或者至少看起來你有這樣的身家。再不然就是你得認識東尼・貝爾維德雷在台拉維夫和俄羅斯這票人的其中一員，他們找到其他進入的方式。

最後一個部門是公司本身的組織。與資產管理那邊的精細架構相比，這個組織就好比是鄉下來的買樂透的表哥。鮑伯・雷科夫正坐在組織裡。當他第一次與莉迪亞・德布菲碰面時，進展得不是很順利。因為其中一個滿手好牌，還會賺錢，但那人不是他。

在公司內部，大家都叫這組織「成本中心」，這表示它的底線是負的，是在浪費資源。成本中心不會產生收入，只會增加成本。

資安部門也是一處成本中心。但是，DDoS攻擊事件證明了資安專業人員的價值。不過具有價值和會賺錢終究是兩回事。像卡洛琳這樣的人永遠都不會享有那些為銀行賺錢的年輕行員的待遇。在公司環境中工作的多數人對此都心知肚明，不過這樣的現實可能需要花一些時間才能習慣。

技術部門既是一個組織又是成本中心。金融危機之後，銀行多出一項艱鉅的任務，幾乎得在一夜之間將其他大型的投資部門、零售部門、商業部門和資產管理部門的技術部門整合起來，而這全都算在成本中心的預算上。還必須整合數千名可能對此心生不滿的員工，他們不會對這項工作感到興奮，而這對網路安全構成巨大風險。

＊　＊　＊

大約在二〇一四年中的同一時間，在西雅圖監獄裡的一間牢房中，瓦勒利．羅曼諾夫反覆思考對他的指控。起訴書已經封印，尚未公諸於世，但他知道自己為什麼會被拘留，因為他手上有一份副本——他起訴書的副本。

他曾被指控多次違反《美國電腦欺詐和濫用法》。這次對他的指控是濫用電腦和網路，在他心目中，這兩樣東西，與人類相比，更不應受到濫用。他對此並不特別擔心，這樣的罪行通常會被判處五年以下的徒刑，所以他不會在這裡待上幾十年。

不知從何時開始，但最晚是在二〇〇九年十月二日，一直持續到二〇一一年一月二十日左右，在華盛頓西部地區和其他地區，瓦勒利・羅曼諾夫，又名恩特瑞恩、又名羅曼・瓦勒羅夫，又名尼可萊・魯本菲爾德，又名恩卡克斯，又名O型腿，又名許洛克，又名東京喬伊，又名和平大師，又名塔帕克（以下以瓦勒利・羅曼諾夫稱之）以及大陪審團不知道的其他別名，預謀並蓄意以虛假或欺詐手段來欺騙各種金融機構，包括但不限於現在銀行、波音員工信用合作社、大通銀行、第一資本、花旗銀行和關鍵銀行。其行騙計畫的目的是「侵入」華盛頓西區及其他地區零售業者的電腦；在那些駭入的電腦中安裝惡意電腦程式碼，竊取受害企業客戶的信用卡號；在犯罪網站上銷售所盜之信用卡號，其目的與意圖是將所盜之信用卡號用於美國境內和國外的詐欺交易。透過這一系列的犯罪行為，被告意圖並確實產生並獲得數百萬美元的非法利潤，並將其轉為個人獲利以及個人使用。

他再次掃視了一遍這份起訴書，一次又一次，完整地讀過一遍。在心中記下他們出錯的地方，但不是為了要嘲笑他們。在這裡，在這個牢房裡，他們拿走了他的電腦。沒有什麼可笑的。他沒有人可以丟訊號，也沒有人可以發簡訊，為他抱不平。他無法和大量現金一起自拍，也無法撫慰自己的痛苦。他獨自一人，只有這份起訴書和自己的想法。

列印出來的紙對他來說很陌生。他不喜歡紙的感覺，太厚重了，也難以與字詞互動。有時他不小心會以手指去滑，而不是用手翻動紙頁。這些紙沒有深度，沒有無盡的電子世界可供潛入。若是羅曼諾夫屬於焦慮型人格——但他不是——那他現在應當會感到焦慮不已。他看完了長達四十頁的起訴書，再次回到第一句話。他最喜歡的一句話：

不知從何時開始。

這是政府最大的錯誤。瓦勒利是什麼時候開始的？是什麼讓瓦勒利成為世界上最有影響力的駭客？在他的腦海中，他回顧了一陣子，有些選項，但沒有一個的時間點是不確定的。他知道所有的事。

一九八四年，也許就是這時候開始的，他在俄羅斯的符拉迪沃斯托克出生了，住在一間約二十八坪大的房子裡。這是座臨日本海的港口小鎮，距莫斯科有九千多公里，搭乘橫跨西伯利亞的火車要花上兩天的時間，經過一百二十站才會到達。他與單親母親和另外三個家庭合住在這間房。

父親在他兩歲時就離開了。他很小就學會用電腦，將他的生命和心思都投入其中。每當他酗酒的母親喝醉而忽略他時，他就會更深陷入其中。她可能就坐在同一個房間裡，但卻深鎖在她自己的思緒中，他與她的距離，甚至比莫斯科還遠。

他會不斷拆解這些程式碼，深入網路世界，想要了解它到底有多深。數位技術的進展緩慢，但可以肯定已經開始向所有地方伸出其觸角，這讓他有一種深潛入海的樂趣，讓他對此的興趣與日俱增。在最初的幾年中，看到網路的成長真的很興奮。由此進入商家和學校，還有私人俱樂部、政府機構、其他國家和其他世界地區。

網路到哪裡，瓦勒利就去到哪裡。進入家庭、體育館和軍方設施。進入自動提款機還有人們刷過信用卡的小盒子。特別是那些小盒子。

他對電腦表現出不同尋常的熟練度，他的老師相當看好，提到一個適合他的技術工作。他們說，也許高中畢業就可以得到一份不錯的薪水，幫助他的母親。但他的野心更大。想要成為企業家，擁有一家新創企業，要有資產。

瓦勒利十七歲時，有一天放學回家，發現他的母親淹死在浴缸裡。不管是自殺還是不小心，對他來說都沒有很大的差別。

葬禮結束後，他接受了母親再也不會回來的事實。這世上沒有人可愛或可恨，沒有想要討好或折磨的人，瓦勒利走上另一個方向。向下、向下、向網路的深處而去，進入一個深不見底的地方。

令瓦勒利驚訝的是，他在那裡發現了自己，實際上是很多個自己。有一天，遇到像他的偶像非裔美國饒舌歌手和演員圖帕克・夏庫爾（Tupac Shakur）那樣自大而富有詩意的人，隔一天又發現像加拿大饒舌歌手德雷克（Drake）那般圓滑冷靜的人。他在衣櫥裡放了成堆的現金。他會狂飲伏特加，唱著他最愛的圖帕克的歌「看穿我的後照鏡」（Starin' Through My Rear View）：

一旦有個混蛋了解這遊戲……那這世界就再也使不出什麼把戲

美國政府是對的。瓦勒利預謀並刻意發明出革新盜取信用卡號碼的機械設備。那些早年發現信用卡在網路遭到盜刷的人，可能會獲得銀行補償，但瓦勒利也利用到這一點。每年聖誕節最後一刻的採買，甚至是墨西哥速食店塔可鐘深夜的點餐，瓦勒利都在那兒。每一次的刷卡，他都在。他無處不在，他是所有人，但也同時是個不存在的人。

他在巴厘島、羅馬和東京都有房子。東京的那間與過去他在符拉迪沃斯托克住的那間布滿塵土的單間公寓還有他母親溺水的浴缸，隔著日本海遙遙相對。他有許多漂亮的女人，一大堆現金。他和一個女人有個孩子，然後和另一個女人有另一個孩子。孩子們的母親都忘恩負義，不過善於撫養孩子。一個適當的選擇。世界是我的母狗，**不知從何時開始的**。

瓦勒利想到，**圖帕克也曾入獄**。在牢裡蹲了大約一年，那次是因為性犯罪。電腦詐欺沒有那麼糟，瓦勒利希望他不會蹲太久。他給他的律師寫了一些筆記。有四個不同單位的政府探員想與他談話，這些單位的英文都可縮寫成三個字母，是重量級的單位。

他知道非常多政府想要得知的事情，他希望他們能在五分鐘內讓他離開，輕拍他的後背一下，然後他就能去一家西雅圖的頂級餐廳享用美味的海鮮晚餐。他們想要知道以色列人「拉高出貨」的計畫，他可以向他們詳細解說他洗錢的手法。抖出一些他覺得還算是有頭有臉的人物，但實際上毫不重要的人。

他教給大家很多東西，在歐洲、亞洲、前蘇聯以及美國也是如此。他不僅騙信用卡，也不僅盜取卡號，他還是個教育家。他指點過的人都出去自立門戶，展開自己的行動，修改程式碼，找到自己謀利的區位。有人修改銀行的製卡機，有在餐飲業的內應在餐廳最繁忙的刷卡機上安裝惡意軟體。刷啊！刷啊！刷啊！

讓他獲利最多的是禮物卡。他和其他的駭客會用偷來的信用卡號購買大量的禮物卡，然後用這些卡來兌現商品，輪胎、手機還是黃金都可以。他們不斷地買。他可以想像，政府會想知道到底是誰在買。

現在，他只想回到符拉迪沃斯托克，坐在一間大房間裡，腿上放著一台筆電，讓整個大腿熱起來，還要有很好的網路連結。他現在不在任何連結裡面。他在外面。類比世界奇怪而愚蠢。他希望自己不會整年都他媽的待在那裡。他覺得他不可能要關整整一年。

瓦勒利是對的。他的刑期不是一年，是將近三十年。

* * *

再回到現在銀行，鮑伯．雷科夫坐在紐澤西州一間大會議室中不太舒服的凳子上，這是他第一次與整個資安團隊會面，卡洛琳剛把麥克風遞給他。

他的頭銜是首席資訊安全官。他有兩個上司，一位是首席資訊官，這是紙上老闆；另一位是首席安全官愛德華．史密提（Edward Smitty），就是他把雷科夫請到銀行來，也是一位空軍退伍人士。史密提本人也算是新手，今天也出席了，站在雷科夫旁邊。這也是銀行許多網路安全人員第一次見到他。

「我必須說，」雷科夫講到一半時說道：「我是基於一個原因想做這份工作，我想保護這個國家，保護美國的人民以及他們的金錢和財富。那是他們的財富，是這個國家人民的財富，我非常重視這項工作，而且我認為保護這些客戶是一項非常光榮的工作。」

演講並不順利。會議室中約有四分之一的人來自倫敦，他們負責監管歐洲國家的投資。在倫敦的分行沒有個人存款的業務，這些人並沒有美國客戶。還有一些來自新加坡，是透過影音軟體視訊來參加這場會議。其中一個看上去很困惑，並向他在紐約的同事發了一封認真的簡訊：

現在銀行是打算要退出亞洲嗎？？？：—0

這其實是一個大問題。我於二〇一八年開始寫本書，在那時以及之前，跨國公司為許多不同國家的東道主提供服務。軍人只服務一個國家的主人。公司忠於客戶和股東。軍隊忠於公民。公司必須遵守他們所在地的司法規則。軍方對於遵從其他國家指令有嚴格的流程。過去三十年來，數位戰場已經轉移到這兩個不同領域間的泥濘邊界，善加利用兩者間的差異。

在駭客入侵的早期史，政府機構可以輕鬆應付單方面相對簡單的來回攻防，國家試圖對駭客發動攻擊，他們則想辦法駭進這些國家。

但是企業的國際關係複雜，而且他們的資料與政府所儲存的資訊一樣有價值，因此這裡成了更為有趣的戰場。

就許多方面來看，私營部門一直是個更容易開發的環境。若是悄悄監視和盜取，就不會被抓到。主管不會在乎是否有人拿走你的錢，他們可能根本不知道，就算他們知道，他們會告訴誰，又是基於什麼原因？這能讓他們得到什麼好處？他們很高興被矇在鼓裡。

現在銀行在中國和俄羅斯都有重要業務。美國政府希望銀行分享他們在這些國家遭到的攻擊資訊，特別是那種民族國家式的攻擊。但是現在銀行得在那裡做生意，他們要如何化解這當中的歧異？

當公司意識到他們遭受到民族國家的直接威脅時，他們會清醒，但只有一點點。他們就跟現在銀行一樣，會盡可能地延攬軍人，認為他們可以提供一些不存在於私部門的寶貴見解。

在這方面，他們的想法是正確的。很少有銀行人士能夠提出什麼有價值的軍事戰鬥策略。他們的價值觀與賺錢緊緊相連，對於軍事陰謀完全不在行。

而且他們在另一方面也是對的：退伍軍人確實是出色的資安人才，因為他們對安全非常了解。他們有紀律，他們熟稔傳統技術人員通常不了解的外圍安全和情報工作。

但是，引入大量的高階軍事人員也導致很多不可預見的衝突，這主要是因為軍方和公司升遷的標準完全不一樣。有很多從事網路安全工作的退役軍人都具有令人刮目相看的技能，但他們通常不是來自高層。

然後是那些冒牌貨。他們精於行話和強硬的談話，但幾乎沒有對現實世界的知識或經驗，很快就會把事情搞砸。在軍隊的階級天堂中，這些人做得有聲有色。他們有無數的下屬來支撐他們，進行研究，編寫詳細計畫，倒咖啡，幫忙列印。但是在公司中，這類人是不會嶄露頭角的，在成本中心肯定是不會。

少了那些額外的工作人員，這些冒牌貨經常發現自己很快就露餡了。就像一個沒有穿褲子的飛行員，突然間得進行降落彈跳。

第三章　牆

在電話那一端的客服肯定不到二十歲，她顯然只是照本宣科地在讀出某一份腳本。但是維克多・坦能堡（Victor Tanninberg）的大腦不是以這種方式來處理資訊。

「我再也不會在家得寶（Home Depot）買東西了。這些人手腳真不乾淨。我只是要在起居室裡放一塊鬼地毯，現在我要等到下一週才能拿到新的信用卡，耶穌去他媽的基督。」

現在是二〇一四年快七月底。

「先生，正如我剛剛說的，給你帶來的不便，我們深表歉意。我們可以加快換新卡的時間。遺憾的是，現在的罪犯有很多方式可以盜取到信用卡號。」

維克多繼續與現在銀行的客服爭論這些利弊。

一個小時前，他在紐澤西州普林斯頓郊外的哈比卜德利（Habib Deli）附近想要用他的信用卡買些香菸和超甜冰茶，但交易遭到拒絕。

三十分鐘後，銀行信用卡盜刷部門致電給維克多，表示有人用他的卡片在德國購買輪胎，所以銀行停用了那張卡。無法再開卡。他必須換一張新卡。他在櫃子或抽屜裡放有另一張卡，以備不時之需。也許是擺在冰箱裡，或許是放在一堆布滿灰塵的老舊筆電的後面。喔！不，應該是夾在理論物理學課本裡？放在書架上層？他不記得了。

「幹。」維克多掛上電話。

維克多也是一名駭客。但是他不是偷信用卡號碼的「俗辣」，他是專業人士，那些人一直把他的名聲搞壞，讓每個人都認為所有的駭客都是罪犯。他發現了一包萬寶路，裡面只剩下一根菸，隱藏在角落裡。還好，真幸運，感謝基督，他心想。他點了菸，開始尋找他的備用信用卡。

＊　＊　＊

這時在現在銀行，卡洛琳正在打包一個行李箱，裡面塞了衣服和圍巾、衛生紙和嬰兒尿布。她的同事通訊專員法蘭西絲家裡發生火災。她把手提箱裝成一個護理包。她又加了一件條紋短褲和襯衫，上面印著一隻微笑的小狗。幼兒尺寸：三歲。

有事情發生了。這跟家得寶的狀況不一樣，那只是一個標準的漏洞，就像之前的目標鎖定事件一樣。但現在有其他的事。

銀行的資安團隊內部開始出現小騷動，耳語著有什麼不對勁的地方。之前設下的偵測機制被觸發了。一些技術最好的人去參加了閉門會議，其他那些不了解內幕的人，則在那邊竊竊私語。卡洛琳察覺到這是件大事。但是直到某人決定有誰需要知道，然後告訴她她所需要知道的事之前，她什麼都不會知道。她在想，雷科夫會在那份名單的哪裡，又或者他是否真的在名單上。

卡洛琳把行李箱留在那位女性同仁的桌子底下，走出銀行總部，希望能在下午五點以前搭上火車，返回紐澤西的辦公室。

在二〇一二和二〇一三年遭受ＤＤｏＳ攻擊後，資安部門開始受到銀行重視。就某方面來說，這些攻擊讓他們獲得政治認可，因為這些攻擊鬧得沸沸揚揚，高階主管知道承諾採取行動會創造出專業形象。實際拿到的經費確實因此提高了，這些攻擊可說是增加此部門預算的催化劑。

政治和預算上的認可讓他們在銀行總部添置了一個新的資訊安全監控中心。卡洛琳就是在那裡為她的同事準備護理包，她是她僱用的其中一位新員工。連同其他新來的安全僱員，總共約三十人，有的是新聘的，有的是從紐澤西州的辦公室調來的。卡洛琳在兩個地方都有辦公室。

資訊安全監控中心（security operations center），又有人依照其英文首字母暱稱為SOC，其發音和英文中的襪子（sock）一樣，這裡的資安團隊靜悄悄地嗡嗡作響。員工在桌子下伸展一下腿，翹起腳來，瞇起眼，揉一揉。他們當中的大多數人還在習慣新辦公室明亮的自然光。

這是從後台轉變到前台的變動，至少主管一直這樣說。從備胎變成前輪。對團隊裡的某些成員而言，這樣的改變很令人興奮，受到大家關注，還能去到公司總部工作，那裡每個人都穿得體面，再者許多決定市場動向的商業決策就在他們的眼皮下決定。然而，對其他人來說，待在這裡就像是在熱鍋上工作。

資安監控中心已經運作一年多。一切都經過詳盡規劃，一個細節都沒放過。

在他們稱為安全室的主房內，放了三十張辦公桌，每張辦公桌都配有四台二十吋的寬螢幕，而且這樣的配置方式已經在紐澤西州經過駭客測試，找出適合讓眼睛左右和上下掃視的適當規格。在每位資安監控中心員工的眼中，看起來就像是左頁這張圖。

在東側的整面牆上橫跨了五台五十吋的電漿螢幕，其中一個螢幕顯示 Splunk 分析軟體程式中消除和偽造的數據。數據之所以遭到消除或偽造，是因為在資安監控中心中工作的這些駭客——按他們的正式稱謂來說，應當是分析師——對於將真實數據顯示在寬屏螢幕上感到非常不自在。在南面的牆上，掛著一台播放CNBC頻道的九十吋電漿螢幕，維持在靜音狀態。法蘭西絲經常專心地看節目，看看哪裡有出錯的可能。

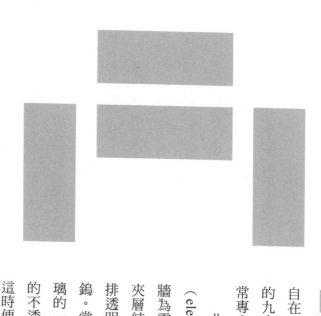

北面的牆壁由約九平方公尺的電致變色玻璃（electrochromic glass）組成，這些分析師叫這道牆為霧牆。這是由五層超薄玻璃和聚合物層組成的夾層結構，中間層是一個隔板，在兩側都裝有一排排透明的隱形電極薄板，其中一層浸泡過多晶氧化鎢。當有人按下開關時，鋰離子會被吸引到夾層玻璃的一側，使玻璃變白，讓這道牆看起來像是普通的不透明的牆。再次按下開關，玻璃就變透明了，這時便能看到資安監控中心內部。

霧牆並不是抵禦網路攻擊，以不可滲透的力場來對付那些窺視的眼睛，或是惡意設備。這全然是為了驚豔和取悅來公司訪問的客戶。

顯要的位置、霧牆、閃爍的螢幕和高科技電腦的設置，全都是為了一個目的——在重要客戶參訪時娛樂他們。銀行家在核桃木和林綠色的沉靜中庭的邊緣與客戶交談，然後按下鋰離子的簾幕，讓他們看到那些晃動閃爍的電漿螢幕、煞有介事的圖表，以及所有這些年輕的宅男在鍵盤上狂熱地敲打。這是避免金融部門遭遇危險的現場實況轉播，是即時的。這樣的感官經驗將成本中心轉化成為某種**有價值**的東西。

霧牆面向現在銀行總部十二樓的中庭，這地方以前是從一堆電梯到達另一堆電梯的通道。走廊上設有一個休息區，擺放醒目的深色木質家具，散發著雅緻的、帶有學術氣息的深綠色調。

走道兩側是公司的全球實體安全團隊，那些核發員工識別證與監視銀行搶案的人也在這裡辦公。在大廳的更遠處，還有一間髮廊和養生中心，以及一間哺乳室，裡面設有三格帶簾幕的位子，讓尚在哺乳的女性可以前去擠母乳，另外還有演講廳、餐飲區、幾間會議室以及一間時尚的休息室，裡面放有軟沙發和許多視聽設備。在這些常態符號之下，資安監控中心內部的分析師在四處觀看銀行的系統，等待敵人來襲。

他們不用等太久。

第四章　孩子

但說到底，資安監控中心的重點在於功能而不是格調。在資安監控中心任職的分析師都很傑出，也許是全紐約最頂尖的高手。畢竟，他們是卡洛琳親手挑選和僱用的。銀行本身的維安已經做得很好。現在銀行之所以在安全方面表現出色，在很大程度上是因為所有的書面內容、所有的記錄歸檔，以及所有清楚制訂的規則，有關於員工的、關於進入建築物的、關於聘用和解僱、關於軟體安全的和關於供應商、預算預測和情報報告的。他們在紙上呈現出的維安標準非常出色。

也許有點矛盾的是，到最後，人們發現紙本作業經常是資安維護最好的一道防線。攻擊是不可避免的。國防部每天都在支援他們，國防部是一台戰爭機器。但銀行不是戰爭機器，無法反擊，只能抵禦。甚至在這種防禦中，企業也會受到原先規劃的方案所束縛，這些記錄在那些文書中的方案，它們通常是理論的、歷史的或是難以察覺的，因此重要人士從來不會看到它的作用，正是因爲這一點，讓維安功能本身也變得隱約難見。

這就是為什麼說DDoS攻擊改變了一切的原因。一些主管開始將銀行視為一台戰爭機器。一些人開始認為，如果失敗，銀行勢必得面臨非常尷尬的場面，在企業言語中，他們稱此為聲譽風險（reputational risk）。

資安人員趁機提出要如何使用這筆巨額新預算的建議。卡洛琳和她的團隊就這樣製作出世界上最具野心的一系列 PowerPoint 預算提案。他們要了很多錢，而且都到手了。數以百萬的資金流入了網路安全預算。他們建立了資安監控中心，找來更好的人才加入團隊，紙本工作再次獲勝。

然而，最後卻出現令人意想不到的轉折，完全超出資安團隊中任何一個人的控制。這家銀行的首席執行長找來他的兄弟參與。高階主管就是想要找一個名聲響亮的人來，才能與這筆預算相匹配。一個在書面上看起來很棒的人，還寫過有關網路戰爭的書。因為銀行現在是戰爭機器，不是嗎？

在鍵盤上輸入鮑伯・雷科夫。

企業界普遍認為打造一個豪華高調的環境是保持金流的必要條件，因為金錢會招來更多金錢。

但是資安人員，甚至是技術人員並不需要，也不一定喜歡昂貴的技術設備。在這一點上，電影和電視誤導了觀眾，因為分析師大部分的工作都是坐在椅子上，眼睛來回注視著螢幕，根據不斷變化的變量來計算風險。並不需要什麼昂貴的裝備。

那些看來很炫的螢光圖形和閃爍著攻擊信號的世界地圖，只是代碼中的代碼。在資安監控中心，大多數人整天看的東西比較像是左邊這張圖。

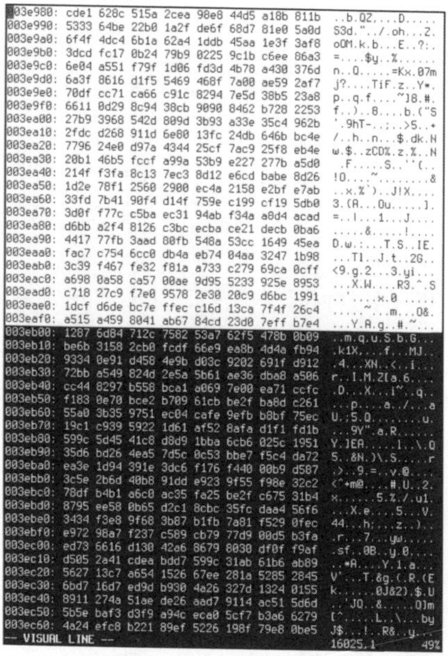

而且一直被別人觀看也讓他們覺得不是特別舒服。霧牆開關很快就變成一個笑話。每當有人按下開關，每個人都不會去看那張變透明的玻璃，而是同時轉頭去查看電漿螢幕上的數據，他們想確定那裡真的沒什麼人在為非作歹。一旦確定沒事，也許他們真的會笑。

只有一小撮人真的在乎辦公室的外觀，但卡洛琳也得搞定這一塊，這是她眾多工作項目中的其中一個。展現出成功和力量的外觀確實會帶來成功和力量。即使是在最狹窄的會議室，牆上也掛著一排昂貴的藝術品。這間銀行在第五十層的那間會議室中展示了前總統羅斯福的狩獵步槍。資安監控中心在守護網路安全上，就相當於是羅斯福的那把獵槍。

沒有優秀的資安人員，就無法提供良好的資安，而真正優秀的資安人員通常不會想要在銀行工作。要把他們從矽谷、新初創公司、谷歌和蘋果挖角過來，需要花錢。掌控他們也需要花錢。

資安監控中心還沒有門牌標誌，霧牆大部分時候都保持在不透明的狀態。要進入資安監控中心，必須知道它的位置。然後得要注意蜂蜜橡木牆隔板中的接縫，那裡有一道門，但是沒有把手。有一道小的電子條帶可以刷識別證，但不是整間銀行三十萬名員工都可以進來，當中僅有三十人左右獲得進入許可。因此，其他人都必須敲牆。

這一天，就和大多數的日子一樣，雷科夫不知道身在何處。他的新辦公室在接待區，那裡擺放著一排六把椅子和六張桌子，是以一般交易員那邊的擺放形式排列，全都朝南，面對著落地窗。但那裡太亮了，員工有時難以看到他們的螢幕。通常那裡只有兩個人，一個負責政府關係，另一個是情報主管，他們是資安監控中心的支援人員。政府關係這位仁兄，名叫加貝（Gabe），個頭高大，一臉憤怒，是個阿拉伯裔的前任情報員，他經常喝紅牛這類能量飲料，他的工作是讓聯邦調查局、美國國家安全局、國土安全部、軍事部門和中情局的每個人都覺得自己也都在其中。加貝的工作是握住他們的手，並確定有邀請他們參加午餐會報。

情報部門的負責人名叫湯姆，是個安靜、聰明的韓裔美國人，也是從情報單位下來，他彙整從資安監控中心內部人員那裡獲取所有的新聞和資訊，將其轉變為預測下一波威脅的報告，推測其形式和來源。

這一天，卡洛琳發現自己把鑰匙留在資安監控中心。她回頭跑，刷了四次門禁卡，然後回到大樓裡，爬上樓梯，經過安全檢查，然後返回資安監控中心，在這裡抓了她的鑰匙，迅速轉身，這時她看到了朝南的那排整面落地窗。陽光剛巧射入整個房間，景色美不勝收，整條范德比爾特大道盡收眼底。她嘆了口氣。這個地方也是她的孩子。

這是棟民族國家駭客建造的房子。

一九九四年八月，一位名叫弗拉基米爾．列文（Vladimir Levin）的駭客透過電信網路轉了一千萬美元到瑞典和丹麥的戶頭，這相當於是二〇一八年的二．五億美元。他滲透到花旗銀行的核心銀行業務軟體，攔截負責監控和批准國際電匯交易的存管信託公司（Depository Trust & Clearing Corporation）的通訊。這不是第一次有人透過電腦從銀行竊取金錢，但這是最大的一筆，最引人注目，並且引發大量報導的一起搶案。

花旗銀行在一九九五年時已經啟用大量防盜技術，但並沒有設置資安部門。他們有一實體安全部門。但是他們過去處理的資料外洩問題比較像是在紐澤西州收費公路上送貨卡車翻車的意外，那時這些卡車主要是將數據磁帶運送到儲存設施。

列文事件最後促使花旗銀行設立史上第一間首席資安辦公室。這個新部門將協助保護銀行的資金，而不是保護其員工的資料，也不是保護智慧財產權或是專有交易資訊，就是單純保護錢。因為那時，這才是人想要偷的，因為他們有辦法偷。俄羅斯允許美方引渡列文，在倫敦的希思洛機場接到他之後，飛往曼哈頓，後來因其罪行被判服刑三年。

像列文這樣的駭客比銀行領先了十五年。錢就是錢，它消失時就是真的消失了。花旗銀行投入大筆資金到新設立的資安辦公室，其他銀行也紛紛效仿。在大約一年的時間裡，幾乎杜絕了直接從銀行金庫的行竊。

駭客必須找新的目標才能賺錢，這不是說他們放棄了銀行，只是放棄了闖入銀行偷錢的這條路子。他們轉向其他可以貨幣化的事物，然後又轉向從事金融交易的其他類型公司，最後是其他類型的公司。截取金融通訊的做法從未停止，只是不再只是截取銀行與票據交換所間的通訊。目標改變了，但是戰術不變。

身分、銀行帳戶的詳細資料、出生日期、信用卡號和姓氏，這些成為新商品。當然，這些都不是錢。它們被盜取時，並沒有真正的消失。而且這些都可以更換，由於大家認為它們的價值不及金錢，因此很難將其鎖定。

二〇〇〇年五月，普丁（Vladimir Putin）上台，成為俄羅斯總統。這個國家那時已成為像列文這類犯罪駭客的主要堡壘，同時也是孕育許多天才工程師和數學家的一大搖籃。那些傑出的工程師和數學家、程式碼構建者、網路武器製造師，民族國家駭客並不會與普通罪犯同夥。他們的作風完全不同。許多駭客，好比說十分有名的德國網路專家，他們在一九八〇年代從柏克萊大學的電腦竊取了核武機密後，繼續為他們的政府服務，從事行政文書工作。

但是普丁看出駭客的價值，他的眼光可能比全世界其他領導人都好。這些罪犯非常老練，有些人與最厲害的工程師不相上下，只是他們行事凌亂、草率，沒有愛國心在後面驅動。他們想要金錢、權力、女人和尊重。但是普丁相信這些天才型駭客的愛國情操是可以培養的，特別是如果愛國意味著他們不會像列文那樣被引渡出去，那麼他們的戰利品就變成了國家共享的資源。

在俄羅斯，無論是政府官員，還是罪犯，都將注意力從其他國家的政府資產轉移到商業資產上，這一般沒有受到什麼保護，有時根本沒有任何保護。遭到引渡的網路罪犯分子越來越少。對於駭客非法收入的稅務，政府也是睜一眼閉一隻眼。但是，當普丁來敲門，要一些他們竊取的美國公民資訊時，這些網路罪犯知道他們別無選擇，只能從實招來。這並不會損及他們的收入，而且俄羅斯政府很享受這樣的狀態，可以名正言順地說沒有下令任何人去駭入任何地方。

二〇〇七年四月二十七日，俄羅斯因為一座在塔林公墓中的俄羅斯士兵精製銅像而與愛沙尼亞起了爭端，最後還發動攻擊。為了報復他們拆除戰爭紀念，俄羅斯的犯罪分子和政府聯手，而且很可能在一家私人電信公司的協助下，關掉愛沙尼亞的許多廣播服務，還癱瘓了許多網站。這可說是史上第一場網路戰，而且最後還促使北大西洋公約組織在塔林建立了資安總部。這個決定在當時的象徵意義遠大於實質意義，但今天，愛沙尼亞在網路安全界已具有舉足輕重的地位。

但是當俄羅斯讓愛沙尼亞的網路整個離線時，引起了世界軍方的注意，也鼓動了東歐的年輕電腦愛好者，尤其是在羅馬尼亞。

一九九四年，列文竊取花旗銀行的錢時，芮妮．克羅茲出生在羅馬尼亞的雅尼卡瓦爾卡的一處共產黨劃設的集團公寓中，就在她母親的臥室裡。克羅茲太太是家庭主婦，而克羅茲先生是一名警官，這輩子都沒見過電腦。他們之後會給女兒一個算盤當玩具，希望她能學數學。這將是她用手緊緊握住的第一樣東西。

二○○○年，普丁宣誓就職俄羅斯總統時，芮妮第一次在地方上的圖書館看到一台電腦。二○○七年，芮妮第一次喝酒時，她聽到了整起關於愛沙尼亞網路遭襲擊的事件。

正是這起愛沙尼亞事件讓她的許多年輕朋友想成為駭客。他們的動機一半是出於愛國心，一半是基於經濟考量。他們很多人都討厭俄羅斯人不斷使用自己的數位能力來耀武揚威，跨越邊境。他們也想變得富有，但看不到傳統職業致富的前景。他們不認為自己是罪犯，只是想行騙世界的聰明孩子。

但是，芮妮並不會跟隨他們的腳步。她對電腦不感興趣。她對數學也不感興趣，這點令她父母很失望。她喜歡聊天，希望身邊有人圍繞著。這並不意味著她不尊重那份追求金錢的狂熱或是不理解錢的重要，她只是沒有參加。有些孩子喜歡足球，有些孩子喜歡跳舞，有些喜歡電腦。芮妮喜歡跑趴。

芮妮的同學與東歐和俄羅斯的其他孩子沒什麼兩樣，尤其是那些前蘇聯國家。這些孩子的好勝心強，抱持無政府主義，不受國家或政府的束縛。在許多前蘇聯國家，沒有什麼資源可以投注在專門防治電腦犯罪上，這無異是對駭客的公開邀請。他們的夢想就和矽谷或史丹佛大學宿舍的人一樣，只是缺乏在科技界就業的機會，於是，他們只好為自己創造機會。

對於芮妮的朋友來說，這場賺錢比賽很有趣。沒有人在組織架構。在網路上，他們可以相互較勁，比劃各自的技巧，還能與俄羅斯人、以色列人、伊朗人、美國人、猶太人、穆斯林和印度教徒分享程式碼。芮妮認為這比較像是世界杯足球賽而不是網路戰。後蘇聯時期的駭客文化發展圍繞在幾個觀念上：賺錢至關重要、用新創意擊敗對手比用蠻力更有尊嚴、多少要向你的國家展示自己的忠誠度，這樣可以讓你擺脫一些麻煩。

二〇一四年七月，當卡洛琳在曼哈頓欣賞那美麗的日落時，芮妮正走向課堂，她正在學行銷。這節課是在教如何以 PowerPoint 來做簡報。她在這間雅尼卡社區大學無聊到極點。有時候，她也希望自己多注意一下她朋友的工作，也能進入電腦界。他們當中有許多人已經在布加勒斯特或塔林工作了。

但是她不想投入這類工作。行銷也會是不錯的工作。她夢想成為某個地方的代言人，成為專業的演講者，找一份能夠受到人群包圍的工作。她討厭上網，不喜歡社交媒體，除了與朋友分享照片之外。她幾乎不看自己的電子郵件信箱，也從未用過臉書。晚上她寧願去餐廳打工，當女服務生。

PowerPoint 課很無聊，但她仍能夠欣賞當中某種接近藝術的東西。她盡力讓自己的投影片看起來更完美。她擔心自己在浪費時間，因為沒人能從漂亮的 PowerPoint 中獲得百萬美元的收益。不過她做的很漂亮，現在沒必要想得那麼遠。在雅尼卡瓦爾卡或附近的任何地方，幾乎沒有任何企業需要精美的 PowerPoint 簡報檔。

雷科夫在資安監控中心疲於應付，正在向一些看起來很重要的商務人士介紹。一些員工表示，他繼續沿用過去在軍方的那些行話，讓這裡的人聽來很不舒服，難以信任他。

一目了然，早就是資安監控中心的王道。每當雷科夫發表演講或嘗試激勵他們時，就可以看見他們之間鴻溝有多深，辦公桌前的操作員，一動也不動，只是與同桌的人交換眼神，傳達不言而喻的訊息——我們慘了。

而且不論是在專業上、法律上，還是個人層面上，全都很慘。因為雷科夫已經在他那群精明的朋友圈中找來第二層和第三層的主管，他很了解他們，這是一批情報軍隊，他們將在他和那批難以預測的員工間建立起一道緩衝區。

如今要在這條企業的食物鏈上發出合理的警報將變得更加困難，這會成為資安中的大問題，因為原始資訊在到達實際決策者之前可能會被中間人過濾掉。

雷科夫回到資安監控中心外面的新辦公室，當時只有幾名員工。他登錄到他的電腦。十分鐘後，他不斷地按滑鼠。他的行政助理進入房間。

「還好嗎？」

「呃，哈！」他尷尬地笑了，「我無法用這玩意。」

「您想做什麼？」

「呃，這個……入職培訓，給新員工的。」他嘆了口氣：「老實說，我不明白為什麼我這個位置的人需要做這個。」

「我們來看看。您無法瀏覽培訓內容？」

她站到他身後，抓住滑鼠。培訓涉及到安全專業人員的隱私義務。她點擊螢幕上的正確答案，五個紅色的X消失，培訓的對話窗繼續下去。她面帶微笑，佯裝不知道自己所做的只是在點選問題的正確答案。一次快樂的意外。

「好了。」她說，轉身離開房間。

「等一下。呃，我真的忙翻了。」他轉向辦公桌，假裝在翻一堆文件。「你能幫我完成這個嗎？」他停了一下：「家得寶的事情真是太瘋狂了，對吧？希望這是我們今年看到的最糟糕的事情。」

她回到桌子上。看看站在辦公室外的同事們。籌碼取得。她開始點擊正確的答案，臉上露出一個微笑。

「沒問題。」

* * *

身材矮小、肌肉發達的維克多是具有俄羅斯血統的以色列人，他有各種各樣的理由讓他無法進辦公室工作。他鄙視權威、無法忍受與其他人並肩工作、討厭回答問題。他擁有弦論的博士學位，有時他毫不介意大聲說出自己在想什麼，這比直接動手去還要花時間。他不做行政文書工作。

因此，十二年前，他把攻讀博士學位時研究的弦論付諸實行，邊做邊學怎麼編程和修改通用汽車（General Motors，GM）的電子控制零件。他自己的三台車，全都經過改裝。有一台灰色的凱迪拉克，另一台是午夜黑的福特大型房車皇冠維多利亞（Crown Victoria），他將這台的引擎換成雪佛蘭跑車款的克爾維特，還加裝了推桿和投射燈。最後一台是積滿灰塵的老雪佛蘭馬里布車款（Malibu），他把這台讓給他姊姊開。

皇冠維多利亞是台怪獸。可以開得很快，輕鬆地來個大迴轉，並且占用的空間遠超過原本的大小。他最喜歡開這台車去帕德拉格（Padraigh）在紐瓦克的住所。當他開這台皇冠維多利亞時，一般人都會遠離他，他覺得這樣很棒。

多年來，他一直在觀察汽車操作網路的擴散和成長，這樣的作業系統有點類似目前支持現在銀行的網路，彼此交織在一起，有時還會故障。在維克多看來，網路變得緻密，這為每一台馬里布或雪佛蘭羚羊帶來難以置信的複雜性。

這是一份始終都會出現新挑戰的工作。這份工作大半時間都讓他很開心，最讓他慶幸的是，這讓他不用與其他人接觸。

現在，有位記者來煩他。他討厭記者。這位記者想要他向她解釋汽車電腦的運作，以及遭到駭客入侵的方式。首先，他謹慎地解釋自己並不是駭客。然後，他提到多年來汽車電腦的變化，以及為何這使汽車變得更加脆弱的原因。但她訪問維克多的方式，就好像他是這時代每一位駭客的代表，不管是俄羅斯的，還是以色列的。

「你有聽說任何關於家得寶這次遭駭的消息嗎？」她問。

他停頓一下。「沒有。聽誰說？」

「其他的駭客？」

「我不是駭客，而且我不認識其他駭客，」他說。不過因為他才遇到信用卡盜刷的問題，他想也許與這有關。

維克多是在結束學術研究後，在二〇〇〇年代中期進入職場時，認識這位記者的。那時他在做套利的工作。在傳統的銀行業務中，這是在不同的市場中買賣資產，賺取價差帶來的利潤。

不過維克多並不是在銀行工作，而且這種套利和國際金融業做的那一類很不一樣。

他夥同一群組織鬆散的物理學家和數學家，針對日益流行的運動賭博網站編寫程式碼，從中獲利。他寫下機器人程式，不斷解析運動賭博網站，尋找套利機會，結合不同網站的賭注，不論誰獲勝，都可以獲利。這是兩邊下注手法的終極版。他們的工作手法很醒目，但完全沒有觸發任何偵查警報。他那群朋友最後還是拆夥了，之後他便把注意力轉移到車子上。

「那我們回來談車子吧！為什麼今天的汽車變得這麼複雜？」記者問道。

維克多談起他對通用汽車的了解，只是最基本的部分。在一九八〇年代和之前，汽車幾乎完全是機械的，在一九九〇年代引進了簡稱ＥＣＭ的引擎控制模組（engine control modules）後才開始電子化，引入電腦到汽車設備中。之後又加入動力總成和變速箱控制模組。

到二〇〇六年，通用升級了車上的作業系統，史無前例地大幅增加電腦的使用，從原本的兩個擴充到十五個以上，諸如門鎖系統、ＡＢＳ、循跡控制模組等。在解釋完汽車電腦的歷史後，維克多再次提醒記者，他跟多數的技術人員一樣，只關注其中一個部分：ＥＣＭ。

維克多討厭這些問題，他只在乎汽車性能，如此而已。至於在那些其他控制模塊中，會發生什麼禍事，只有那些想要找出下手的地方，並且在整個網路上散播這些有害行為的人才能達成。這正是一間大銀行的縮影，將所有部分鬆散地綁在一起。他想掛記者的電話，不願再繼續被她煩下去。

他說，很多人沒有意識到，如果他們把車子改得太多，比方說改裝更大的輪胎，電腦計算就沒什麼作用。車速顯示器在實際上跑到時速將近一百公里時卻只顯示八十幾公里。他說，比起某些駭客想出如何從個人資訊娛樂系統中竊取資料，這難道不是更危險嗎？

他掛斷了電話，隱約感到不滿，覺得記者還是沒弄懂他想要講的。他準備要出門工作去，在今天這個糟糕透頂的世界，這讓他更加沮喪。

今天，維克多在紐澤西州的紐瓦克（Newark）有一台雪佛蘭的科邁羅（Camaro）要處理。他的客戶是高性能汽車維修店的老闆帕德拉格（Padraigh）。如今，他不太接這樣的案子，他寧願接透過電子郵件的訂單。他喜歡待在家裡，和他的兒子還有他的寵物兔子在一起，但這客戶是老朋友，所以他會通融一下。

在汽車體驗店，維克多將車子設定好，在測功機上運行，這可測量馬力和扭矩等功能。他可以用這些讀數來調整汽車電腦上的軟體，好讓汽車運作得更好。帕德拉格的一些客戶會參加專業賽車，他們在車上需要更快地換檔。這些車是他們的孩子。

維克多是世界頂尖的通用汽車駭客——不管他想不想用要這個稱號，他並不擔心有人會駭入汽車，但他得擔心自己的信用卡被盜刷，擔心電網老化，擔心記者危言聳聽誇大不實的報導。他特別擔心世界各地將十六吋車輪換成十八吋車輪的白痴。

第五章　義大利人

二〇一四年七月下旬，紐約陽光明媚，氣候涼爽。現在銀行的資安出了大紕漏。資安監控中心的門不斷被敲。員工一個接一個走進空蕩蕩的會議室，在那裡低語，關上門之前，大家都左右張望著。分析師報告之前發生事件的始末和種種運作的細節，或至少是他們認為這是怎麼發生的，聽眾都一個個睜大了眼睛。

卡洛琳試圖控制這混亂的場面，但首先她得找到鮑伯．雷科夫。鮑伯失蹤了，需要他立即過來開會。她傳話到二樓，那裡也有幾間會議室。他應該要出席首席投資官小組的這場會議，但他一直沒來露面。

她要求會議工作人員派個人去找一個高大的白髮男人，走起路來很筆直，他應當在那層都是會議廳的地方到處走動。去找雷科夫先生，只要告訴他，十二樓在等他就可以。卡洛琳想說他可以從那裡找到他的辦公室。

雷科夫在二樓行蹤成謎之際，一名新成員則要進入資安監控中心。卡洛琳正在幫助他做就職的準備。普雷姆．拉梅什（Prem Ramesh）現在將成為雷科夫的左右手，擔任他新設立的參謀長職位。但他不是雷科夫想要僱用的人。事實上，普雷姆曾來爭取雷科夫現在這個資安主管的職位。拉梅什身材矮小，三十幾歲，像隻格雷伊獵犬一樣圓滑，完全與他之前的競爭對手，也就是現在的新老闆完全不同。他將是繼雷科夫之後的第二號負責人，同時也是銀行資安團隊的負責人。

普雷姆為全國最大的一家國防工業承包商建立了諮詢業務，發明了一種稱為狙殺鍊（kill chain）的IT安全框架解析。這套框架不僅為雷科夫及其同儕所採用，許多資安專業人員也拿來當作是描述罪犯如何進行網絡犯罪的簡單方法。這是一個便捷的「全餐式」敘事包，一應俱全地解釋網路攻擊的方式，從早期偵察到之後的直接行動。

其背後的原理很簡單：盡早阻斷這過程，就能防止攻擊，減少損害。在犯罪分子還沒進行到指揮和控制的步驟前，花錢請人來找出正在進行偵察的罪犯。

但是就普雷姆的目的來看，這次的教訓會更具挑戰性，因為對現在銀行發動的攻擊已經進入到指揮和控制的階段。

普雷姆和一個溝通團隊正在製作 PowerPoint 演講稿，將那些圖表畫了又畫，想辦法以狙殺鏈來解釋到目前為止他們對這場入侵行動的了解。

首先，罪犯似乎對銀行進行過詳盡的研究調查，並針對整個組織的許多不同層面上做了偵查工作。他們在領英（LinkedIn）上查詢銀行員工的詳細個資，還探索了外圍區域（位於防火牆之外的數位銀行），尋求破綻。他們還研究了可能與該公司有關的其他網站。現在銀行使用的系統是所謂的扁平網路（flat network），這意味著只要能夠讀取這網路的某個部分，基本上就能進入所有部門的網路，進入眾多組織，直抵資產管理、投資銀行和其他部位。

犯罪分子將這些寶貴的資訊善加利用，轉變成武器。他們會從所收集到的所有資料來尋找進入銀行網路的方式。他們會針對現在銀行，或是任何可能鎖定的目標，量身打造攻擊計畫。

舉一個例來說，他們的調查找到兩名初階員工，是在羅德島大學課程中的契約工，他們透過社交工程（social engineering）的種種話術讓他們吐露一切。所謂的社交工程學是指各種說服人，使其吐露敏感資訊的方式，有些是透過精心設計的電子郵件，有些是講得合情合理、頭頭是道的電話。有時，犯罪分子會冒充一個倒楣的技術人員，試圖為他所鎖定的行騙對象解決一些問題。這之所以稱為社交工程，是因為這項技術利用的是人天生想要信任他人的傾向；基本上是利用你的禮貌和幫助他人的意願來對付你本人。

他們的偵查還發現另一個進入網域的管道，是透過現在銀行贊助的半程馬拉松賽事的年度活動網站。這個網站是由第三方（一家外面的公關機構）設置的，他們根據銀行內獨立的社區服務部門的要求來設計網頁。這類計畫網站很容易出現縫隙。由於在設置這類比賽網站時不會考量資安問題，而且為了方便參與者註冊，還會允許他們連接到銀行的網絡，因此任何進入這個沒什麼防禦力的賽事網站的人，都可能由此進入銀行的龐大網絡。卡洛琳和她的團隊以及她之前的許多資安行政主管，多年來一直在提倡網段切割，這可以在銀行各部門的網域間建立開合式的吊橋，但是卻因為沒有足夠的資金而作罷。

因此，對頭腦精明的犯罪分子來說，將轉化成武器的一堆惡意軟體傳送給毫無戒心的員工，或是經由不受保護的網站進行滲入，都不算是什麼困難的挑戰。在狙殺鏈的「弱點攻擊和安裝」階段，罪犯就是透過這類管道來執行惡意程式組合包，並且安裝能夠讓他們讀取所需資訊的程式，而就現在銀行的例子來說，就是客戶的姓名、社會安全號碼以及其他銀行資訊，特別是那些容易上鉤的客戶。

如今，透過這種管道，整間銀行都被安裝了惡意程式，因此犯罪分子可以指揮和控制各種惡意軟體的安裝，將所有敏感資訊轉發到他們的海外伺服器。

現在銀行正在試著決定要採取怎樣的行動方案。若是讓犯罪分子知道銀行已經發現了，可能導致這批人貿然採取破壞行動，有可能破壞銀行的伺服器，毀掉他們的蹤跡。攻擊者只有在知道自己事跡敗露時，才會這樣做。因此，資安監控中心團隊必須要快速而安靜地作業。

在經過三天對狙殺鏈的解析後，資安團隊選擇在進一步散播開來之前銷毀它。為了要低調處理這此事件，資安監控中心的專業人員必須決定要採取哪些措施，以及需要關閉的管道，以阻止問題惡化。

但還有許多**其他**問題讓這事情更棘手。首先，這間銀行各個部門使用的儲存通訊協定截然不同。在各單位中，某一部門可能將檔案、報告、客戶列表和其他關鍵數據儲存到共享資料庫，供負責類似業務的員工讀取，而在另一個部門，員工則習慣將檔案另存到員工電子郵件收件箱，或是存在桌面上。這些報告都有檔名，而且各部門所給的名稱也不同。因此，光是要決定拿掉什麼本身就是一項艱鉅的任務。

然後，還有其他併發症。就跟二〇一八年多數的大型銀行一樣，現在銀行的網路也是拼湊而成，多年來的併購造成其網路缺陷。不同的儲存系統以及不斷疊加的數據，一層又一層，這是二〇〇八年金融危機遺留下來的標誌，當時幾家倒閉的銀行迅速而隨意地遭到合併。就跟那些凌亂而快速的合併作業一樣，它們合併起來的網路也是同樣的凌亂，難以在其中搜尋，也難以提供保護，這為資安人員帶來更多的麻煩。

為了盡可能低調討論目前資料外洩的意外，資安調查人員給這事件起了個名字：威尼斯。完全沒有任何暗示，這個名字僅是方便大家輕鬆討論這起資料外洩事件，這樣做包括犯罪分子在內的任何人都不會在他們的對話中聽到「外洩」或「入侵」之類的用語。如此一來，調查人員就可以避免那些已經埋伏在網路中的犯罪分子察覺到任何風聲。

普雷姆從一場會議趕往另一場會議，都在討論威尼斯。目前，關於這起事件的大部分討論都是讓大家齊聚一堂來進行，以免走漏風聲。有時雷科夫會去參加，但大多數時候他都不在。

但是，對保密的關注很快就變得近乎偏執。因為有人開始向媒體洩露攻擊的細節。

* * *

大約四星期後，在一個叫做特蘭西瓦尼亞的地方，一名德國人坐在高速公路旁的一家咖啡館裡，喝著濃咖啡，讀著澳洲報紙《雪梨先驅晨報》。那天十分炎熱，溼度達到一〇〇%，與七月時陰涼乾燥的紐約大不相同。

身高超過一八〇公分的席格・海梅爾曼（Sig Himelman）是駭客。他看上去像是個商務人士，咖啡館的服務生也這樣以為，稱他老闆，還讚美他的太陽眼鏡。

他的西裝是硬挺的深藍色泡泡紗，因為羅馬尼亞每年的這個時候都很熱，而且幾乎沒有空調。皮鞋是來自倫敦一家小型的私人鞋店。他開一台黑色的BMW，是較早期的車款。他希望那車看起來像是他買了很久的樣子，實用路線，不需要給人留下特別的印象。不是會彰顯自己的人。

報紙上沒有什麼讓他特別感興趣的新聞。沒有瓦勒利．羅曼諾夫的報導，至少今天沒有。他從小道消息那邊聽說羅曼諾夫解僱了他的律師。就席格對羅曼諾夫的認識，美國可能沒有足夠的律師來滿足這個人的自我。他挑了《紐約時報》來讀，發現一篇有趣的報導，是關於現在銀行可能有什麼嚴重事情發生的文章。那裡一定有資料外洩。報紙上寫道，與義大利北部有關。他笑了，真是荒唐。也許是俄羅斯人、以色列人、中國商人，義大利北部？不太可能。

他簡短地思索一下，要是真的是義大利，那必定是個煙幕。在威尼斯或羅馬設置一台伺服器，接收來自台拉維夫的另一台伺服器，還有在貝魯特的以及在日本的第四台。

「什麼事這麼有趣，老闆？」服務生坐在席格旁邊的桌子旁時問。

「義大利人。記者。」

「你是義大利人？」

「是的。」他脫口而出。

「我以為你是德國人。你的口音有很重的德國腔。」

「我有一個叔叔是德國人，教我英語。」另一個輕鬆的謊言。

「你不是記者吧？」

席格笑了起來，把太陽眼鏡推到頭上，「當然不是。」

「記者都在撒謊，不是嗎？」

「我不認為他們在說謊。不是的，」席格說，坐進椅子裡。他攤開雙臂，雙手交叉在頭後方，擺出掌控全局的姿勢。

「他們就像偷看色情片的十幾歲男孩。一邊看，一邊說，『**他們在幹了！現在，她達到高潮了！看！**』」

服務生笑了，喝一口他的咖啡。

「五分鐘之內他們就結束了。他們自認目睹了性行為，可以描述給其他人。但是他們不能。他們只看到演員、製片人和攝影師以及威而剛藥廠和整形外科醫生希望他們看到的。他們談論了光滑無毛的長腿、完美的假胸部，然後他們一起喝啤酒，慶祝自己成為性愛專家。」

一切都是假象。十年來席格沒有駭入任何一台電腦，但大家公認他是極具影響力的駭客。他這輩子都沒穿過連帽運動衫。他可能有人格障礙，但絕對沒有情緒問題。他不需要像美國驚悚影集《駭客軍團》的那位機器人先生要去看心理治療師。他沒有抑鬱症。他不缺朋友或女性陪伴。他不是個笨手笨腳的怪人，他就像他那台BMW車子裡的皮革座椅一樣，稍微有點磨損，但是光滑、柔軟和世故。

今天，他正打算前往雅尼卡瓦爾卡（Arnica Valka）小鎮附近的一個村莊，他在那裡有個新案子要做。他已經結識了不少那邊盜卡號的駭客，其中許多都是靠著羅曼諾夫的指令和手法來賺錢。其中一些身手很不賴，他想要吸收他們，組成一個更具凝聚力的部門，而他們也希望如此。有些人適合有老闆。新創企業需要執行長，就是連犯罪組織也不例外。

德國正在成為一個監管國家，他是這樣認為的。他讀了一篇關於德國聯邦金融監管機構（BaFin）的報導，刊登在報紙副刊背面的深處。這篇新聞提到關於 BaFin 對德意志銀行（Deutsche Bank）壞文化的一些刁難。他在德意志銀行有內線。**壞文化**，哼！他們根本搞不清楚狀況。

德國聯邦金融監管機構，過去真的讓席格很頭大。管這個管那個，抹殺了創業過程中所有的樂趣和創造力。消除內部威脅，給吹哨者力量。但一個人的內部威脅其實就是另一個人的吹哨者，全都得監控！

罪犯領先所有的人。他又去拿另一份澳洲報紙。

「報紙，」服務生說：「看得出來你喜歡看報。報紙很好。今天所有人都滑手機。」

「我想我只是有點偏執，不想被跟蹤。」席格微笑。一個相當有感染性的笑容，引人注目。

「你知道嗎？他們現在真的可以做到，這是我聽說的。」服務員生放低聲量。「俄羅斯人。」

「是啊。但你能怎麼辦？我不太喜歡這些東西。我只是喜歡紙在手指上的感覺。」他露出一個更大的微笑，點了一塊菠菜起士派，然後繼續看報紙。

他在從漢堡啟程的路上買了報紙。他不停地讀著關於一種新型金融工具的新興市場：勒索軟體（ransomware）。這種惡意軟體會鎖住一個人的檔案並產生一組加密的金鑰，受害者必須購買這個加密金鑰才能打開自己的檔案。他正在評估現實世界對此做何感受。

他認為，這是一門完美的生意。世界上到處都是小型律師事務所、顧問公司和個人商店，他們需要每天、每小時不停地運轉。要是齒輪停止運轉，他們會願意支付五〇〇美元重新開始工作，尤其是那些年收入達到數百萬美元的行號。他們會一次又一次地支付這筆微不足道的款項，在世界各地。

勒索軟體是新玩意，已經悄悄地滲透出去，快一年了。他還沒有想出以此來謀利賺錢的最佳方法。但是信用卡市場正在變化，變得太擁擠、太無聊。俄羅斯允許引渡羅曼諾夫就證明了這一點，那些大尾的盜卡號者對國家不再重要，盜取卡號這件事也不再重要，但席格喜歡被看重。

勒索軟體大舉攻擊媒體網站和總部設在墨爾本的澳洲郵政，他們負責全澳洲郵件遞送服務。報紙當然會進行報導，在第二頁的報導中插了一張勒索軟體攻擊者的 PowerPoint 的螢幕截圖，席格仔細端詳了一陣，黑色背景中打著綠色文字，這是多此一舉，還拼錯字，真的很醜陋。上面寫著：「一旦付款，久可以拿回檔案。」席格搖了搖頭。駭客的行徑竟然可以這麼不優雅，還寫錯字。

報紙沒說郵局是否支付了贖金，他認為這意味著他們付了。試想，要是他們認為自己正在與一個嚴謹的犯罪集團打交道，他們願意付多少呢？不是一些連「就」和「久」都分不清的外國孩子。

席格放下報紙，抽出一張餐巾紙，向服務生要了一支筆，開始草擬勒索軟體的業務計畫。

席格對於將犯罪組織當作是商業組織的概念深感興趣。隨著網絡犯罪的發展，這可能是獲利所必須克服的一大挑戰。隨便設想一間美國的辦公室，他們要處理繁瑣雜事、文書工作，同事間還爾虞我詐相互攻防，況且整個工作團隊也不熟稔法律，人際間將也沒什麼直接互動。

席格十分看好組織性的網路犯罪，這比傳統的黑社會組織更具優勢。首先，幾乎沒有任何法律強力禁止他們所要犯的罪，尤其是在東歐國家。既然沒人在監管，也就不用讓自己捲入賄賂警察或檢察官的骯髒事中。

再來，這對小型的獨立犯罪集團有更多的變動和機會。像正在監禁中的瓦勒利．羅曼諾夫這類駭客界少數的大人物，他們經營犯罪企業的時代算是結束了。因為他們在獄中無法使用電腦，而且與過去的黑手黨不同，他們不能在監獄中靠著電話來拓展事業。

這意味著可以有新的領導人來取代他們的位置。席格希望自己也能名列其中，因為跟黑手黨不同的是，這些人不需要來自同一家族。

席格也聽過有不少非法駭客，在觸法後改過從良，尤其是那些在牢裡待過的。

根據席格的經驗，集體作業的駭客通常比傳統的黑手黨更像新創企業。組織分工最好是留給特定的人才來做。有些深奧、棘手的技術領域專業人才可能會自動自發地工作，能夠延攬到他們非常有利。

在大型組織中，甚至還可納入人力資源和客戶服務部門。有些團體甚至已經設有自己的資安部門，防止其他犯罪集團來竊取他們正在創造和竊取的非法智慧財產。

席格喜歡創業文化，這是他想要仿效的。他希望建立的新組織要有情報專家來收集偵察資料，以及一名惡意軟體專家（他已經結識了）來幫助他設計或更改現有組件。他還想聘請可以發送、利用和安裝惡意軟體到鎖定目標的專才。這些人很擅長操作和控制伺服器，能夠掌控殭屍網絡或大量遭到入侵的電腦和設備，一旦讓這些人各就各位，席格將成立一個收款部門，確保鎖定的對象有付款。擔任收款的人員必須要精通各種祕密匯款方法和加密貨幣，方便全球各地受害者支付贖金。

他屬意的大多數都是二十多歲到四十多歲的東歐人。

最後，他想要有一個客服，一個漂亮女孩。根據過去的經驗，這是一個可以暫時抵消所有雄性荷爾蒙作用的人，但往往也是導致組織分裂的原因。

這應該不會太難，席格心想。他從來就沒有吸引不到魅力女子的困擾。

*　*　*

卡洛琳正設法整理自己的思緒。她現在懷了第二胎，而且她很清楚在雷科夫的新組織裡沒有位置給像她這樣的人，她認識這裡的每個人，而且與大夥相處融洽，她深受愛戴，並且與許多資安社群都有交情。換言之，她對他來說是個危險人物。

這次的資料外洩延宕了許多事情，所以前去報告她懷孕的消息比她原本預期的時間更晚。但是與雷科夫的對話仍然讓她震驚。她告訴他懷孕的事，讓他知道何時她要休產假，大約距現在六個月的時間。比較有禮貌的做法是，不可以突然告知老闆要請產假，讓他們措手不及，而卡洛琳天生就很知進退。他的回答早在意料之中，但還是相當讓她震驚：「你休假回來時，不能再從事資安工作。」

不是「你不會為我工作」，也不是「你不會在我的部門工作」或「你不會在這家公司工作」。「你不能再從事**資安**工作，」這顯然是一個威脅。她覺得他打算要封殺她。讓她心安的是，他在政府部門工作時也許有這樣的權力，但在金融界不會擁有一樣的力量。

但他的反應仍然讓她失望透頂。她在她廣大的人脈網絡中尋求安慰，他們支持她，就像她一直以來對待他們的方式。他們對這起事件感到憤怒，甚至比她本人還更生氣。

現在，她與前海軍陸戰隊的軍事訓練官麥克．約瑟夫坐在一起，他是她可信任的一位好友，也是她最早僱用的人。他正在跟她講威尼斯計畫的細節。今天是星期天晚上，每個人都失去了時間概念，資安監控中心內安靜的敲鍵聲音讓他們的對話變得更清晰。

資安分析人員檢測到攻擊者設置的偵測機制，並觀察到銀行網路中有好幾TB的數據遭竊，而且是同一人所為。這項調查還發現其他問題、其他攻擊和其他滲透。他們還不知道有多少數據遭到竊取，也不知道這些數據的內容。可能要花上很長的時間才能找出是誰做的，也可能永遠都找不到。

雷科夫一直跟所有願意聽他講話的高階主管說，這是場戰爭。他說，這看起來像是受到中國的影響。他說，遊戲規則改變了。

麥克同意這一點。這後面的規模很大，而且有別於以往，不是他們過去所受的訓練能夠對付的。對方有一組技術人員組成的團隊，是懂得電腦協議、控制以及各種怪招的工程師，企圖打造出相對而言盡可能安全的環境。麥克曾在阿富汗戰場上待過一段時間，但這與網路戰不同，銀行不會與敵人開戰，但海軍陸戰隊會。當敵人攻擊銀行時，海軍陸戰隊介入，想要控制局勢，但是這裡沒有部隊、沒有國家安全局（NSA）、沒有國土安全部（DHS）。聯邦調查局（FBI）一直與他們有所聯繫，但不是為了展開戰鬥，而是想辦法幫他們找出威尼斯事件幕後的主謀。

銀行就跟大多數的公司一樣，希望與這些縮寫皆為三個英文字母的重量級單位保持禮尚往來的合作關係，若是他們真的能提供幫助的話。盡量讓他們感到滿意，並把他們封鎖在自行調查的角落中。加入的局處越多，洩漏出去的就越多。探員越多，走漏風聲的機會就越高。而且，這些機構根本沒有網絡武器來幫助銀行。他們並不是為了幫助全國各地遭受網路攻擊公司而設立的單位，而且每家公司都有內部的政治和潛規矩，都不樂意與政府共享資訊。

然後還有雷科夫，他對當前的威脅也有些了解，他知道如何進行動力戰，他也了解威脅。

事實上，他可能不具備對最新技術的深入知識，但這不是真正的問題。真正的問題是，他缺乏金融領域的經驗，並且就他之前與這些銀行業務員的互動來看，他似乎不太了解銀行的運作方式。他似乎並不理解銀行那一邊的人不太可能聽他的話，因為他隸屬於成本中心，而且拍桌子威嚇不會改變他們的想法。他在五角大樓是不是有熟人不再重要。他非但沒有專注在要如何向銀行的同僚解釋這次資料外洩的意外，還用了冷戰時的言論，向顯然洩漏消息給媒體的可能員工發送充滿威嚇字眼的電子郵件。

麥克拍了一下額頭。「你看到這篇報導了嗎？」

「什麼報導？」卡洛琳心情沮喪，根本無法讀新聞，即使是關於現在銀行的新聞。

他拿出《紐約時報》那篇關於資料外洩的報導。這顯然是銀行內部洩漏出來的，關於攻擊的某些細節完全正確，其他則錯得離譜。其中一點特別明顯，記者指出，根據公司內部消息人士，這次的襲擊很可能來自於義大利北部。他們笑了。義大利完全不是網路惡意活動的溫床，完全搞錯了，是俄羅斯，或是以色列，再不然就是中國。

記者關於資安的報導很糟，文中故弄玄虛的神祕感掩蓋了幕後笨拙的現實。麥克和卡洛琳再次討論了細節，想要找出是誰會洩露這樣的消息，誰會把細節都弄錯？

然後，卡洛琳抬起頭來，彷彿看得到那樣的場景在她面前展開：一位困惑、緊張的內部消息人士，一位對主題毫不知悉的記者。

「他們幫它取的代號叫威尼斯。」

他們大聲笑出來，吵到一些資安監控中心的員工。

那是星期日晚上九點，有人敲門。

普雷姆快步走進去，「晚餐來了！」

敲鍵盤的聲音戛然而止。

第六章　零工經濟

三個月過去了。席格在羅馬尼亞成立新公司的計畫進展得很順利，他決定將這家公司取名為解技（TechSolu）。這個詞毫無意義，聽起來像是東歐的新創科技公司。商標則偷用了一家吸塵器製造商的，是半個太陽的造型，這也不是很重要。

他建了一個不起眼的網站，將公司描述為IT安全服務提供商，然後就放著不管了。他最後僱用了十名新員工，都是男性——實際上該說男孩——其中兩名來自波蘭，一名來自俄羅斯，其餘則是羅馬尼亞人。有一點國際性也不錯，他會跟他的新同事拿波蘭人開玩笑。

但是席格也想要在辦公室裡安排一個女人。女人可以讓所有人保持冷靜。在全是男人的辦公室裡，氣氛會變得怪異，有人偷東西，有人打架，或說些種族歧視的話。他們會談太多的性，要是他們不談性，那麼他們就在想。他們是在竊取智慧財產，加入至少一名女人會創造出平凡的互動，這不算是完美的解決方案，但多少可以降低風險。

他們一直在拼湊組合勒索軟體，是從非法網站上買來的各種工具包，運作得很好。

最初，只有席格和一位名字叫麥凱爾．岡瑟（Mikael Gunther）的俄羅斯人。在加入解技之前，他一直是獨立作業。他曾與一位也寧願單獨工作的中國駭客合作過。

他們一起敲詐了一批祖母，將他們孫子輩的照片鎖起來，要求五十或一百美元來取得解鎖的正確密碼。這些祖母甚至不覺得這是一起網路犯罪事件，因為岡瑟讓這過程看起來像是Windows 操作系統的某個步驟。他們很有職業道德——向這批奶奶要了信用卡號碼，但沒有竊取這些號碼，只是收取贖金。這就是席格喜歡岡瑟的原因，他是講職業道德的罪犯，是他可以信任的人，至少可以信任一點點。

岡瑟重新設計了這個利用漏洞的工具包，最後在暗網上出售，和他的中國夥伴分道揚鑣。他販賣工具包賺的錢比他去勒索別人還要多。岡瑟的工具包非常出色，席格就是這樣找到他的。

他們將岡瑟的版本打造成更具企業價值的模型，可以先拿那些擁有很多有錢客戶的小型事務所來進行試誤測試，開始他們的業務。這對岡瑟來說輕鬆很多，他覺得與中國的聯絡人合作很費事。

岡瑟告訴席格，中國人比較偏好破門而入的搶劫方式，這與俄羅斯駭客的行事作風剛好相反，他們必須要有一定程度的隱匿感。他說，沒有陰謀就沒有樂趣。

為了說明這一點，岡瑟毫不客氣地講起他之前的中國同夥，他最後將他的模式改成變為勒索軟體的諮詢服務。他聽到關於他夥伴的最後一個消息是，他得到一份美國公司的諮詢工作，這間公司要找人協助他們亞洲分公司的資安。岡瑟嗤之以鼻地說還真是「竭盡所能」。

岡瑟透過他的人脈幫席格引入其他人。有些人和他們一起在雅尼卡瓦爾卡工作，另一些人則是遠距工作。這村莊正逐漸成為犯罪駭客的一個大站。整個東歐有不少這樣的地方，但是有多少人可以將特蘭西瓦尼亞的鄉村景色拿來說嘴呢？不斷有好奇的專家湧入雅尼卡瓦爾卡。但是，鎮上沒有幾個人知道到底發生了什麼事。

在找到十名員工後，席格決定把重點放在律師事務所和諮詢顧問公司上。要對他們進行偵查，實在是容易到有點丟臉的地步。律師事務所特別喜歡吹噓自己又與哪些新的名人客戶合作，或是代表大公司進行了哪些合併或收購案。他們會發布新聞稿，還會在聯英網站（LinkedIn）自吹自擂一番，甚至會在一些貿易雜誌上撰寫宣傳文章。光是新聞稿就提供他們許多最為簡單、明顯的資訊，來製作釣大魚的誘餌。

岡瑟和解技團隊很快就鎖定好幾間事務所。在典型的散布勒索軟體的過程中，他們會根據事務所發布的消息，精心製作一份電子郵件，讀來像是另一家事務所的同行寫給其中一位律師的祝賀信。

這裡面有一個連結，只要點擊後，解技就可以將勒索軟體安裝到律師事務所合夥人的電腦上，將其鎖定。然後出現一個看來很嚇人的綠色螢幕，告訴律師，若是想要重新讀取檔案，需要支付五百至五千美元的贖金，具體的金額取決於律師事務能夠負擔得起的數字，這是根據他們先前收集的情報推算出來的。

他們的競爭對手也在發送電子郵件，但有些在拿到贖金後不一定會將檔案解鎖。不過席格知道建立名聲的重要性。畢竟，這是一家新創企業。他希望解技這個犯罪組織在那些受害公司中享有誠信的名聲，這樣他們的保險公司會比較安心。

這一點格外重要，因為現在一些保險公司的政策已開始補償律師事務所遭勒索時所支付的贖金。如果保險公司確信這家事務所在支付贖金後能夠取回檔案，他們會同意核發補償金。他們確實這樣做，席格和他的同夥也得到錢，而且相當可觀。他們在這些交易中漸漸奠定起誠信的聲譽，而且收取高額贖金的能力也越來越強。

他仍然需要找一個女人。

要讓大多數的受害者付款，必須要很有說服力，那個看起來不怎麼樣的綠屏，和威嚇性的警告並不一定能達到這樣的效果。辦公室裡的其他人都不像席格一樣會講英語。有時受害者需要問一些簡單的問題：「怎麼設定比特幣錢包？」或是「你能夠讀取你偷走的文件嗎？」

席格對最後這個問題的答案因人而異——因為有些律師事務所握有比其他同業更有趣的資訊：未來的合併、即將破產，答案永遠都是「是」，不過通常他為了要確保交易成功，會告訴他們「不會」，之後再將有價值的資訊存下來備用。

席格是真的很討厭回答問題。他明白安排一位使用虛擬電話的專門客服會對收受款項以及提升公司在受害者間的聲譽大有幫助。

不，不是受害者，是客戶，客戶聽起來好多了。

還有另一個角度看這事。解技的第三名員工雅庫布．布瑞克（Jakub Brik）是唯一的非洲人，僅能透過奈及利亞和波蘭勉強扯上關係。他練就出很好的諮商技巧，在面對很小的企業時，他能夠與他們進行交流，確保他們不會遭受其他勒索軟體的攻擊。

這些小型企業通常在對話結束時對他感激不盡。雅庫布的諮詢進一步讓他們的企業看似合法化，甚至讓席格敢僱用完全合法的員工。也許找一位市區餐館的漂亮女服務生。

＊　＊　＊

卡洛琳聘請了查理・麥克（Charlie Mack）。儘管他是一名律師，而且技術上算是現在銀行法律部門聘請的人，不過實際上是透過她的人脈，才能讓這位前CIA官員，同時也是哈佛畢業的律師到銀行來，從法律的角度監督他們的所有資安問題。

卡洛琳知道，還有其他一些人對此感到懷疑，查理・麥克是個天殺的英雄。當然，他現在是公司律師，但他是位傳奇人物和真正的英雄。他從不提起這件事。只是有時候，當一些高級主管以一些低級的律師笑話來消遣他時，會忍不住想：**聽我說，混蛋，我正在努力保護你不要受到自己的傷害。我去年才去襲擊了格達費的基地。你以為我他媽的太小心了嗎？**

出現危機時，有一個像查理這樣的人在很有幫助，而威尼斯將成為一個大危機。

但是，銀行內至少有另外兩件事正在醞釀中。第一件與銀行的一些律師事務所有關。為了進行內線交易，多年來，中國人一直在竊取交易的專有數據。情況變得越來越糟，他們開始與其他國家的其他特工分享這些資訊，數量多達數百個，內線交易大為猖獗，司法部正在進行調查，證券交易委員會（Securities and Exchange Commission，簡稱SEC）也在調查，但是這些律師事務所對此一無所知。然後，連SEC也被同一批人駭入，這個循環繼續下去。

中國人在那裡壞事、亂搶一通，還去碰些會惹上大麻煩的東西。他們將駭客視為全職工作，算是一種較為輕鬆的軍事生涯，是朝九晚五的工作，還要接受在職訓練。試想，要是將資安破解機構制度化，那麼這些人退休後會做什麼？去釣魚嗎？當然不會，要是你暗地裡做同樣的事情可以賺更多錢，誰會就此罷休。

資安監控中心的員工收到一些公共情資，現在他們知道許多襲擊事件源自於上海的一座灰色水泥大樓，那裡是人民解放軍（People's Liberation Army，簡稱ＰＬＡ）六一三九八部隊工作的地方。至少從二〇〇〇年代初期開始，中國的ＰＬＡ網軍部門就一直嘗試駭入美國公司，盜取他們的智慧財產。在紐約的資安監控中心中，資安分析師記錄到在整段中國工作日期間，它們整棟大樓都不斷收到電子偵測。只有在中國放假時，頻率才會降低。

中國人使用基本工具包來破壞大多數美國公司薄弱的防禦措施，從中竊取大量數據，其中大多數都沒有用。商業計畫書、合夥人的姓名、日期、影像、公司章程、電影、令人尷尬和敗壞名聲的資訊，例如情婦的名字和特殊癖好。他們對商務人士特別感興趣。

有兩項正在進行的中國陰謀都與來自現在銀行及其一些競爭對手的資訊有關，各自的律師事務所在處理這些資料時出現了嚴重疏漏。兩項陰謀都牽涉到首次公開募股（Initial Public Offerings，簡稱ＩＰＯ）。

這兩家律師事務所處理的是合併、收購和融資等相關資料。他們的一些部門還處理食品藥物管理局（ＦＤＡ）批准給製藥公司的貸款。現在銀行就是負責協助提供資金的撥款業務，因此他們手上也有資訊，不過他們的律師事務所也可以讀取。知道尚未公開的合併案，或是試驗成功的藥物，這是獲取關鍵資訊來進行內線交易的好方法。「內線交易」一詞通常是指公司內部人員、公司負責人和喜歡探聽隱私的銀行業務員和華爾街記者利用這些管道來濫用市場。但是新的內線是這批前來洗劫的網路駭客，他們以此賺取數億美元。

這些人能夠獲得內線交易的所有好處，卻不用與銀行業務員、律師或政府官員打交道。他們是世界上最幸運的傢伙，查理打趣地說，逗卡洛琳發笑。

* * *

現在是二〇一四年十月。六年前，來自靠近尼泊爾邊界附近村莊的周波林在上海落腳，雙性戀的他又暱稱為「波」，那時和年輕而且不那麼憤世嫉俗的瓦勒利・羅曼諾夫學習如何假造信用卡。這是他在解放軍六一三九八部隊工作之餘的閒暇活動。

波不喜歡談論他為政府所做的工作內容。不是因為這應該要保密的，確實如此，不過，還有其他原因。

因為那份工作很無聊，是個無聊的故事。整天坐在那裡，執行程式碼，重做舊的雜湊值，然後疲憊地回家，填寫配額。他喜歡電腦工程，而且深諳此道。他喜歡數據也喜歡將其發揮。他對其他國家駭客的作業方式很感興趣，不論是白帽還是黑帽，對波來說，他們都是一樣的。

畢竟他也不知道自己算是哪一種？他可說是好人這一方，是戴白帽的，因為他是在履行對國家的職責。但他也加入壞人的行列，戴上黑帽，在其他國家做非法的事。

但像瓦勒利．羅曼諾夫這類人，可能也認為自己是白帽，儘管其他人都認為他們是純黑無誤。在波眼中，世界上所有的人事，都是灰色的。

他喜愛羅曼諾夫，不是因為他欽佩他，而是因為羅曼諾夫是純粹的陣營。羅曼諾夫是俄羅斯駭客界的搖滾明星。羅曼諾夫會發布自己和一大堆錢的合照，還有高級車。羅曼諾夫認同美國的說唱歌手，自稱是圖帕克（Tupac），這比波在解放軍六一三九八的工作要亮眼許多。

瓦勒利為人有趣，而且超級服膺資本主義，這是任何一位在中國駭客農場工作的人都夢想不到的人物。但請注意，波並不想效法他，只是享受這場表演。他因為羅曼諾夫而開始聽饒舌音樂，像是比吉和圖帕克等歌手。

然後，羅曼諾夫消失了。

後來，他才知道羅曼諾夫被捕了。

退役幾年後，波想要轉換生涯。

在上海郊區的科技區，他先是嘗試擔任護膚業務一段時間，向遊客推銷珍珠乳液。他像嚮導一樣帶外國人參觀製造珍珠護膚產品的工廠，考慮要開始自己的保溼品生產線。但是後來，他又到會展中心附近的一家高檔酒店當洗碗工。一切再次改變。

原來是因為他喜歡酒店的刺激、喧囂，這一切對他來說都是新的、有趣的、性感的，與軍事工作完全相反。這也和憤世嫉俗的俄羅斯人的祕密世界、網路犯罪新手和駭客還有他在網上認識到的那群想要贏得世界駭客大賽（DEFCON）的人完全不同。這也比定義不明的「駭客社群」來得好，不管這詞彙到底意味著什麼。

其他一切也隨之改變。波是雙性戀，他不喜歡張揚這事。他最初加入軍隊，搬到上海，是因為要擺脫他在西部邊疆的傳統家庭生活，那裡的傳統沒有讓他一展身手的空間。

波認為，那些富有遠見的歐美商人，不論男女都很有魅力，而且為人風趣。以色列人狡猾而機靈，連澳洲人和加拿大人也是優雅而有深度，作風大膽但散發著深具感染力的友善。

而在這裡，他奮力與過去的身分掙扎，急欲擺脫曾是全球最無聊的駭客中國隊的身分。真的，在這個以英語為主的世界中，他就像是拿起錘子，使出渾身力氣，一遍又一遍地敲打著他的基礎。重擊，粉碎，抓起碎片，重擊，粉碎，抓起碎片，重擊，粉碎，抓起碎片……然後大力地甩到舊輪胎上，好讓周遭每個人都能聽到。

波選擇留在酒店工作，為了非法的致富機會而放棄皮膚護理的導覽，他的英語說得很好，而且能記住每位客人的每一個細節，因此他很快就升到首席門衛。這都要歸功於他在軍隊擔任網絡偵察養成的習慣，現在正好派上用場。他會和計程車打招呼，將行李送到房間，為優雅的商人和精明的女商人帶位，前往那裡最好的餐館、裁縫和整形外科。

大約就是在查理・麥克（Charlie Mack）正思考著他眼前現在銀行的混亂局面時，波發現更多熱愛他新工作的理由，能夠將他的過去與現在美好地結合起來。

波準備要規劃一個有趣的網絡偵察之夜，但這時他得分心去處理一個煩躁不安的商人，他把背包連同裡面的護照一起留在計程車上，但計程車已經開走了。

計程車司機沒有注意到，就這樣揚長而去，駛出車道。波追了過去，全速衝刺至少有四百多公尺，用盡氣力，就像《神鬼認證》一樣，只是他穿著的是帶有中式衣領的黑衣。在計程車遇上紅綠燈時，他追上了，大力敲著車門，司機很想擺脫他，但他還是設法打開車門坐進去。

他要求計程車司機掉頭回旅館，司機感到惱怒，不想和一位不會付錢的乘客開這段路，波保證會付錢給他。波回到酒店，司機繼續透過窗戶咆哮著。波付錢給司機，還多給了小費，他知道拿回這本美國護照是更大的勝利。

這位商人當然很高興。他想給波小費，表示感謝，但波鞠躬致意表示，幫助客人是他的榮幸，不過，如果他願意，可以向酒店經理留一張讚美他的便條。波深諳職場之道，通曉要如何穩定自己主要的工作，而且如果他想要發展副業，這是必不可缺的。

波並不想要從這人身上得到任何好處。你覺得這其中有詐嗎？把事情張揚開來，波會感到不好意思，但他堅信不要在吃飯的地方撒尿——他不想動他自己旅館的顧客。

但是他會駭入其他所有人，不是以**中國**網軍那種盲目的方式，也不是基於民族國家的恐怖原因，而是比較像以色列人，或是羅曼諾夫這類好的俄國人那樣，並不那麼在乎錢，而是要流暢而優雅地行事。他並不是**最好的**駭客，不過，他始終試圖要成為當中最有格調的。

偽造信用卡真的不適合他，太明目張膽地違法。至於東歐人的犯罪集團，不論是在規則上，還是業務結構上都日益採取激進的作風，很難與其他人合作。

由於他喜歡數據，所以他專注在這一塊，他對這些近乎痴迷，會加以整理、解析，使它看起來很漂亮。沒有能夠解釋數據的人，數據就變得毫無用處，但願意爬梳整理數據的人很少。他知道自己可以掌握一個小眾的市場區位，只要懂得如何正確呈現數據，它就會成為有價值的商品，而且比信用卡號更有價值。

每個大公司都這樣說。他知道，有些公司，例如臉書，就已成功地從中獲利。他在後端可以看出這一點來。不過公眾似乎並沒有意識到，這些數據在本質上都沒有用，除非你關心政治和選舉之類的事。但波不是，政治太庸俗了。

因此，波開始一邊做他的酒店差事，一邊找前去上海會議中心的旅客下手，尋找資訊。這太令人興奮了，每週都有新的行業出現，有家居裝飾、醫療設備、家庭用品、油漆、電腦等各行各業，還有金融公司、非營利組織和非政府組織。

來這裡的人都是國際商務專家，可說是理想的下手目標。他用一種常見的惡意軟體，可以幫助他盡快大量取得一家公司的資訊。他透過分散在會議中心的USB隨身碟來傳播這軟體，讓那些不知情的專業人員輕鬆地拿到，然後插入他們的電腦，這些電腦中經常存有各種電子表格和專有客戶名單。

波在中國南邊找到一個很棒的供應商，以一百美元左右的低廉價格賣給他數千個USB隨身碟。一個星期一的早晨，他去了那個地區，那裡販賣大量各種量販的小玩意，他還順便買了一些漂亮的、拋光的，看起來很現代的銀色大碗。

然後波將惡意軟體載入到每個隨身碟上。他製作了一個看上去非常專業的標誌，模仿那種會議中心贊助商用的顏色和字體，並將這些USB隨身碟放入漂亮的銀碗中。「免費的USB隨身碟。歡迎光臨！」他悄悄地將它們擺在酒店或大廳會議中心的餐廳，如果他有機會溜進新聞室的話，也會擺進去，那裡可是所有媒體休息和開會的地方。

這種手法在開始採用的早期，會有許多人中計，但今日前去會議中心的人會隨手拿起隨身碟並且使用的比例已經大幅降低。現在許多人已經知道這種免費贈品可能有風險，不過拿起它們的賓客還是為數不少，波對此已經心滿意足，他不貪心。

一但將這安裝有簡單惡意軟體的USB隨身碟插到電腦上之後，波會從他們的電腦中抓取電子表格，而且僅有電子表格。當結束差旅返回到紐約、舊金山、倫敦或布里斯本時，有些公司的技術團隊可能會在例行掃描時發現這個惡意軟體，但那時已太晚，波早就獲得他所需的一切，像是所有的電子郵件、該人的業務聯繫詳細個資。他特別喜歡業務計畫、預算和未來合併提案等資料。

然後，在經歷了所有這些刺激的活動後，最後波要如何處理這些寶貴的資訊？他在美國的 Fiverr 上有一個帳號，這是一個合法的自由工作者網站，他將這些商業情報賣給其他公司。那些公司喜歡他的數據的廣度和深度，但不知道數據來自何處，而且知道最好別問太多。

Fiverr 背後的平台非常簡單。基準價格是五美元，這是以它來銷售的起價。波選擇了一個簡單的界面，將自己的位置列在日本，使用一個特殊程式和虛擬私人網路，避免中國政府察覺他的動向。就外人看來，波的電腦所發出的訊息似乎是來自東京的一棟公寓大樓。

在那裡，他提供一張「精選」的清單，是由種種「公開提供」的公司資訊彙整而成，這些資訊是關於在上海進行貿易展覽的所有行業中的大型企業。從建築材料、財務、風險與合規審查，甚至是洗錢，他的基本款報告一份定價五美元。

由於他的情報非常好，業務迅速成長開來。而且他非常擅長策劃，業務聯繫又將他推薦給其他行業的人。他在那些尋找潛在詳細清單的推銷員間特別受歡迎，他變身成 PowerPoint 的大師，幫助那些不是那麼精通技術的客戶輕易讀懂數據。

這個平台幫助他收到各種貨幣的報酬，包含美元、歐元和加密貨幣，所有這些貨幣都比他在當地使用的貨幣更有價值。

但是即使這樣，也讓波漸漸喪失興趣。波想完全合法化，他對商務艙生活方式的熱愛讓他開始覺得追求這些非法利益實在太庸俗了。當然，問題在於這項計謀帶來的利潤實在太高，而且又如此容易，他實在難以放棄。

第七章　試用

卡洛琳正在準備一場黑客松（hack-a-thon），這是要讓年輕的工程師來銀行，展現他們的技能。

這場競技將持續一整晚，要在凌晨時分編寫程式碼。對於想要進銀行工作的年輕人，這是一個絕佳機會。

他們都是大學生，有些還在讀高中。卡洛琳會給他們一展身手的機會，讓他們編寫新的程式碼來解決各種問題。她會召集一些工程師到團隊中，讓他們在假的銀行網絡上互相進行惡意入侵。

這名義上雖然是一場慈善活動，但實際上是一個試訓營。

卡洛琳會確保結果都詳細記錄下來。在這類活動的早期，很容易看出一兩個未來的新星，有才能的孩子，完美的十秒。

她喜歡將那些人從人群中找出來，請他們坐下來喝杯茶，與他們討論資安對金融服務部門的重要性以及當銀行駭客是多麼的有意義。他們可以賺取獎金，而且在履歷上能夠寫上大公司的名號有多重要，像是現在銀行這樣享有盛名的銀行。

但是今天，儘管有種種激動人心的事，但她真的很累，再加上她又懷孕了。她是個矮小的嬌小女人，懷孕對她來說真的不是在開玩笑，這意味著嚴重的平衡問題，得經常跑洗手間。而且，對她來說，這也意味著得擔心她的工作，因為在鮑伯．雷科夫負責的部門中，都在想辦法把女性「請走」。這是公司言語中的委婉說法，他們早就有一套讓人自願辭職的技巧，把這些人的工作生活變得非常不快，沒有價值，自然想要走人，這樣便為公司省下遣散費和可能的訴訟費用。在她看來，鮑伯是個混蛋，但不算是傑出的那一類。這是一項標準的工作挑戰，世界各地的女性都在忍受這樣的挑戰，她幫助許多員工度過這樣的難關，而她也打算要有尊嚴地度過。

但這很難。那些知道她產假後無法回到位置上的人發出的嘆息，以及那些婉轉的笑容，只是讓她更沮喪。連他們的祝賀也是，雙方都知道她拿不到今年的獎金。這是卡洛琳第二次經歷這件事，既是祝福也是詛咒。你生第一個孩子時，周圍的每個人都會重新調整他們對你的期望，因為他們知道你的忠誠度將會發生重大的分裂。**有了嬰兒要照顧，她怎麼會把我的**

計畫擺在第一位？天哪，她討厭這樣。

但她還是很安心，因為她有自己的人脈可以依靠。她的前任老闆「酷愛人」喬伊，改到一家保險公司任職。在紐澤西州中部，那地方安全、舒適。

另一項激勵她的是法蘭西絲，就是那位家裡失火，她幫她準備一箱護理用品的女人，她幫卡洛琳找了一間諮詢公司的工作。這可是向上爬的一大步，但她拒絕了，她知道自己的下一步想要平靜一點。

她試著告訴那些來參加黑客松的孩子們，在現實中其實不太會有《駭客軍團》中呈現的那樣在道德上扭曲的天才。這個領域中的大多數人都很普通，就是一般的尋常大眾。有些甚至是媽媽型的，坐在那裡，組織整個作業計畫，確保每個人都按時完工，不會超出預算。要進入這個領域，變得駕輕就熟，並不會讓你變得比較酷，如果你一開始就不是個很酷的人。但這沒關係。很酷的人經常都不可靠。

卡洛琳生第一個孩子時是三十五歲。現在她快四十歲了。就在第一次生產前，她的醫生在她的甲狀腺上發現了一個嚴重的甚至可能致命的腫瘤。她進行了剖腹產，生下一名男嬰，然後立即進行手術，在同一天切除腫瘤。

她在撫養新生兒的同時接受了癌症治療，然後她回到現在銀行工作。

如今，她遇到某個趾高氣昂的前政府人士，臭屁地暗示她近二十年的資安職業生涯即將結束？卡洛琳將發揮她的影響力，在她離開前，會確保普雷姆接任雷科夫的職位，而雷科夫則降職到一個影響力較小，且風險和破壞性不大的職位。這將是她在現在銀行的最後一幕。

卡洛琳很難過，但她並不害怕。

第八章　父親

另一件天殺的混蛋麻煩事，維克多．坦能堡看到停在帕德拉格他住所前的那台一九九四年雪佛蘭科爾維特（Corvette）時這樣想。他翻了他的包，找一些舊設備。心想，**光是離開家還不夠，又遇到另一個難搞的麻煩**。

他的手機響了。這是他在 eBay 上發現的一款古早的三星翻蓋手機，他鄙視蘋果和谷歌。是他兒子打來的。

他說要去朋友家。他餓了，會在路上找東西吃。

維克多在電話中的聲音與他腦中所想的完全不相襯。

「好，那你要小心點。你從史蒂夫家搭公車回家嗎？好。要我帶潛艇堡回去嗎？小心點，好嗎？」

然後他掛上電話，咕噥了一連串咒罵人的話。他的兒子很好，很害羞，有幾個比較親近的朋友。他很快就成為一名有成就的藝術家，維克多教他彈吉他，這是他的嗜好之一。

他還教他一些閃躲動作，不是在開車這方面，而是在生活中。絕對不要去麥迪遜廣場花園這類高價地段參加大型活動。搭乘地鐵要謹慎，不要在恐怖分子的可能目標上下車，避開中央車站和時代廣場。

維克多教他要避免參與任何政治辯論，並且要對所有教師的智力有所體認，特別是在他上的公立學校任教的教師，他們的智力可能有所限制。

維克多告訴他，不要相信任何一個跟你要錢的人，或是在認識沒多久就告訴你關於他生活中悲傷故事的人。對認識不到一年的人，千萬不要提任何個人資訊。如果有人告訴你他不是好人，立馬可以相信這一點。不可下載任何應用程式到手機上，不要允許某些公司追蹤你的位置。

他擔心自己對孩子太嚴格了，但孩子經常笑。他的男孩會開他玩笑，有時會嘲笑一些維克多絕對不會拿來開玩笑的事。

確實，這些是駭客真正擔心的事情。

事實上，最令他最擔心的是，在他眼中大家越來越不關注細節，對工程、安全性和汽車製造等所有事物。東西越來越多，但是大多數都只會帶來更多的風險。

維克多在八歲時從俄羅斯移民到美國。他的父親是位政府工程師，先留在俄羅斯，他和母親跟姊姊先出發。

有幾年的時間，他們在沒有父親又非常自由的世界裡生活著，這是讓他轉變成資本主義保守派的開端。他經常說，他只接美國車的案子，因為他愛美國。維克多的父親在人間煉獄中待了五年後，重新加入這個家庭。從一開始，他就對美國工程的種種缺失感到驚訝，而且情況似乎變得越來越糟。他提到了自己在工業工程領域的經驗，不是電腦程式碼，而是橋梁、隧道、地鐵系統和摩天大樓。他們每次進城時，他會指著入口地方的傾斜，以及不夠優雅的夾角。

維克多在任何地方都看得到這樣的對比關係，效率低下、設計不良，傾斜和不雅只是這些問題中較輕微的，鬆散的程式碼會引發問題，輕率的思想則會遭人操縱。

俄羅斯的電腦工程師能夠做出媒體上指責的種種壞事時，他對此一點也不感到驚訝，但是他不知道日後會稱這樣的人為駭客。進入一間門本來就沒關上的房子不能算是闖入。

你不能破壞已經有巨大漏洞的程式碼，你不用打破毫無主見的頭腦，那些本來就是壞的。

第九章　青少年

在羅馬尼亞的雅尼卡瓦爾卡，芮妮．克羅茲這個少女從未從她父親那裡學到任何閃躲迴避的技巧，即使他是一名警察。他在她出生前就退休了，是真的退休。他坐在電視機前那張大而柔軟的椅子上，再也沒有站起來，至少在芮妮的眼中是如此。

芮妮的母親會做道地的羅馬尼亞精美晚餐，並為她買耐久的好衣服，但不會提供她生活建議。當芮妮問他們當中的任何一個，認為她將來應該怎麼生活時，他們只是無神地看著她。「我想，就做你想要的。」

芮妮覺得自己總是在惹麻煩，一些小麻煩，但仍然是麻煩。

幾個和芮妮一起長大的女孩去了俱樂部，想要進入輕鬆的賣淫生活。芮妮不想這樣，所以離開了她們。她在相當浪漫的情境下遇過幾個有勇無謀的男孩，但交往的時間都不超過幾週。當他們向她要錢時，她很快就擺脫他們。她想要變得務實一點，但通常只有五分鐘熱度。

她和雅尼卡瓦爾卡這個小鎮都在成長，不僅是因為她的十九歲生日讓她覺得自己變得更聰明、更成熟，還有更具體的事。

雅尼卡瓦爾卡是一個安靜的小鎮，僅有十萬人口，坐落在阿爾卑斯山麓上的特蘭西瓦尼亞，在布加勒斯特西邊兩個小時車程處。實際上，它就是在芮妮的眼下，成為世界上最著名的網路犯罪村莊之一，地下經濟幾乎完全是由勒索軟體、盜刷信用卡和盜用身分所得來的資金。後來，媒體將這一帶城鎮稱為「網路上最危險的地方」和「駭客村」。但對她來說，這只是家鄉。

芮妮出生在雅尼卡，在羅馬尼亞前總統尼古拉・希奧塞古（Nicolae Ceaușescu）時代建立的住房計畫社區中長大。在她十九歲生日的兩年前，她注意到自己的家鄉在改變。在倉庫和舊穀倉中，新創科技公司如雨後春筍般冒出，裝修得像是美國社群媒體公司，有用咖啡豆的麻袋作成的椅子，搭配著裸露的磚牆。芮妮聽說這些新創公司的薪水很棒，高的難以置信。

芮妮從未像她的父母所希望的那樣精通數學，也沒有如他們所期待的，嫁給一個年長的有錢人。她決定去走廣告業。她去雅尼卡的社區大學讀市場行銷，夢想著在科技業找到工作，但是她不會寫程式碼。此外，這些她一直不斷聽到的新創公司，並沒有真的釋放出徵人廣告，一切都非常安靜。

在課餘時間，芮妮喜歡跳舞和讀偵探小說。她和朋友一起抽菸，會自己捲新鮮菸草。她在義大利市（City Italia）這家新開張的高檔餐廳打工，支付她的大學學費，這是因應地方興起的科技經濟而開的其中一家餐廳。她對顧客開玩笑說，她唯一擅長的科技技能是用一隻手發簡訊的同時，用另一隻手倒咖啡。

芮妮確實有擅長的一件事，那就是說話。即使她翹課，她還是可以跟學校老師討價還價，吵出好成績。她也是靠著說話，找到在義大利市這家餐廳的工作，還靠著說話擺脫罰單。她很漂亮，身材苗條，留著一頭赤褐色長髮。不過，在雅尼卡，大多數年輕女性都很漂亮。隨著經濟成長，她不禁注意到當地美麗的年輕女性是如何與這城鎮一起成長的。

席格．海梅爾曼第一次見到芮妮是週日在義大利市吃早午餐的時候。他看著她跟每桌客人調情，但不至於讓他們想歪，又能多賺取一點小費。他立刻看出她的潛力。席格和一群其他穿著高雅、三十多歲的男人坐在一起，身材高大動人，臉上的鬍子才剛刮過，身穿一套全新訂製的白色外衣，顯然是這桌的領頭人物。芮妮據此和他調情起來。

他們用英語交談——席格帶有德國口音——但她立即感覺到他問了許多讓她不舒服的問題。

「你幾歲？」

「十九。」

他說：「對於一個十九歲的孩子來說，你的聲音太低沉了。」

「我自己捲菸抽，常常忘了放濾嘴。」

「這聲音很好，聽來讓人放心。你喜歡你的工作嗎？」

芮妮一直對那些踩線的不合理提議小心翼翼。她俯身低語地說道：「我是上帝的孩子。去其他地方找你的妓女。」

她從桌上拿起小費，走開了。他跟著她，她在心中天人交戰，思考著要不要去找經理。不，她自己可以處理。

「等等，」他對她說：「你誤會了。」

她轉身，雙臂交叉，聽他說。

「我在一家名為解技的公司工作，」席格說：「幾個月前，我們才在馬勒將軍街上開業。我們需要一個服務中心的客服。一個聲音聽起來很成熟，並且想要解決問題的人。無論他們在這裡付給你多少，我可以付你三倍。」

芮妮心想，**這聽起來太棒了，不敢相信是真的**，她想在新創公司工作，也許這就是了。

席格看得出來她很猶豫。他遞給她他的名片以及一疊新的美鈔。

「星期一早上九點在名片上的地址見面。」他指著身後的餐廳地板問：「你有什麼好損失的？」

星期一早上，芮妮走在馬勒將軍街上，手提包中放著她父親的手槍，以防萬一。

這一區確實改變了。她走過一個又一個街口，靠近市中心時就看到新的路燈，還有更多的警車，以及更多的人——年輕人——他們在涼爽的早晨空氣中快速移動著，看起來像是在上班途中。

曾經出售廉價手機的商店現在改賣昂貴的平板電腦，櫥窗中展示電腦伺服器的方式就像展示小狗一樣。一些店面宣傳他們接受比特幣付款。芮妮經過了一家老舊的黃褐色洗衣店，小時候家裡洗衣機故障時，媽媽就會帶她去那裡，但現在改成一家咖啡店，叫做美國咖啡，看起來就像是星巴克。

解技位在一家有賣韓國氣泡飲料的健康食品店和一間主打金融犯罪辯護的律師事務所之間。進去時，芮妮握緊了她的手提包。

她在裡面看到了一間布置精美的開放式辦公室。所有的職員都是男的，全都緊盯著他們的電腦螢幕。席格跳了起來，像老朋友一樣跟她打招呼，然後把她請進一間玻璃辦公室。他的辦公桌上堆放了五台筆電，就像大多數人堆放文件一樣。

「我很高興你來了，芮妮！」

「我沒想到我會來。」

他為她找了張椅子，然後坐在他自己的辦公椅上，向後仰。「你知道我們在這裡做什麼嗎？」

「我想是科技，」她揚起眉頭說：「但是我對電腦不在行。不過我很會打字，當然可以接聽電話。我需要先拿到我的第一筆薪水。」她在椅子上調整了一下自己的重心，微笑。談判是她的強項。

他笑了。「除了英語，你還會說其他語言嗎？」

「俄語和法語。」

「這兩種在這裡肯定會派上用場，我們的客戶遍布全球。」

芮妮仍然面不改色地聽著。

「我們進行滲透測試，」席格解釋：「也就是說，我們入侵別人的公司，然後他們付錢給我們，讓我們找出他們易受攻擊的地方，好讓他們解決問題。我們是一家資安公司。」

「資安？是駭客吧？」她大膽地說。

席格咧嘴而笑。「這個嘛，是也不是。我們是駭客，但是好人，是有道德的駭客，是白帽。」

「那麼，為什麼需要客服？」

「有時候，當我們的客戶遇到問題時，他們需要發洩，他們會生氣，因為他們不願意面對自己的電腦容易受到攻擊的事實。說實話，有時候他們需要發洩的很多。又或者是，他們不知道要如何付款，因此你必須引導他們完成整個流程。我們大多數的客戶都使用比特幣付款，但是要正確使用比特幣可能有些棘手。」

「你不是用比特幣付錢給員工吧？」

「不，當然不是。你可以選擇本地的列伊幣或是歐元或美元。」

芮妮知道在羅馬尼亞的合法公司不會讓員工選擇他們想要以哪種外幣給薪。不過他對席格越來越有好感，他看起來真誠而迷人，而且在開放式辦公室的員工都穿著體面，看上去很開心；甚至還有咖啡豆麻袋做成的椅子。她想這就是在臉書工作的畫面，只是規模較小。另外一點，她真的很擅長客戶服務。

她說：「美元。」

「很好！讓我帶你去你的桌子！」

她的辦公桌在辦公室內的一個小型凹室，與團隊中的其他成員略有不同，免得她所接聽的電話打擾到他們。

上班第一天，芮妮幫助四個「客戶」將比特幣傳到解技的數位錢包中。她在電話裡與那些心煩意亂的高階主管交談。席格解釋說，這些高階主管之所以這麼生氣，是因為他們要到付款後才能解決資安問題。

她很快就進入狀況。在解技的主樓層工作的都是駭客，但絕不是什麼有道德的人。他們駭入美國和歐洲的公司，凍結他們的重要文件，要求付款來換取解凍這些文件的加密金鑰。除了加密金鑰外，解技還會提供一個有用的 PowerPoint 平台，說明如何防止像他們這樣的駭客再次駭入。她的另一位同事有時也會接電話，引導那些主管弄清楚他們到底做錯了什麼。

儘管感覺起來像是在做諮詢，但很明顯席格和團隊的其他成員都是網路犯罪分子。解技的商業模式是勒索軟體。

但是他們卻置身於一間完全正常的辦公室，一間芮妮真心喜歡的辦公室，還提供一些有益健康的設備，例如一張桌上足球桌。芮妮合理化了這份工作的犯罪層面。她認為，**網路犯罪與「正統」犯罪不同，你必須要具備足夠的聰明才智才能實現目標。此外，沒有人受到傷害，至少身體沒有受到傷害。**

有時她會得到一筆可觀的現金紅利。每隔一段時間，她就會將一些現金捲成小捆，放在辦公室桌子下面，以防萬一。

芮妮缺乏的電腦技能很快就用她的街頭聰明彌補起來。她迷上了客戶服務。

每天，她與陷入困境的商人交談，讓他們平靜下來，並向他們解釋已經遭到駭客入侵，只要立即支付少量費用，就能拿回資料，並且可以確保這不會再次發生。

「顧客」通常一開始是懇求、哭泣，有時還會尖叫，最後都會感謝她。甚至還有人說這筆費用（通常只有幾百美元）只是個小數目，若真能讓他們重新取得文件並確保再也不會發生這種事。

芮妮很快發現，在馬勒將軍街上的所有新創科技公司都是專門在以勒索軟體賺錢或從事類似工作。韓國茶店上方是一家入侵美國零售商資料庫並竊取信用卡號的公司。而美國咖啡旁邊的另一家公司則購買了這些信用卡號，並製造出像真品一樣的假信用卡。他們僱用一些「錢騾」出去購買可以輕鬆轉售的商品，將這些非法用卡交易轉變成「乾淨的」現金。

席格說他會付比義大利市三倍的工資是錯的。實際上，她的收入是在餐廳時的四倍。她從社區大學退學，利用在課堂上學到的知識來改造解技的 PowerPoint 資料夾，讓它看起來更美觀，讀起來更容易。沒多久芮妮開始優化解技的勒索軟體市場。

她創造出一個更具吸引力的螢幕，供客戶查看何時被入侵的。現在顯示的不再是「你已被駭客入侵！」的黑底綠字畫面體。現在遭駭時，出現的是一個微妙的，幾乎令人放心的消息，打在全白色背景上：

很抱歉打擾您，但是您操作系統中的漏洞已讓駭客破壞您的操作。您的文件遭到凍結，不過您有多種方法可以將它們取回。

她為客戶打造了一個選單，這讓解技在短短幾個月內的利潤提高了百分之二十。客戶支付的贖金，大多數僅約三四百美元，但有些人使用新選單支付贖金時，付了超過一千美元。客戶可以選擇快速付款的折扣價，也可以等待並面對不斷增加的款項。若是在一定時間內未付款，他們的文件將會被毀滅。他們還可以支付額外費用來讀取最新的 PowerPoint 平台。在某些時候，芮妮甚至說服客戶讓解技的駭客進入他們的整個網路，進行合法的滲透測試。席格將她升職，給她加薪，並讓她有一間自己的玻璃辦公室。

之後不久，解技的一名駭客設法進入舊金山的一家大型技術公司。芮妮聽過這家公司。在他駭入的文件中，有公司的電子郵件，隨便看一下就發現他們執行長一些不堪的作為。

他很出名，芮妮在當中尋寶時，對他透過供應商的聯繫來嫖妓感到厭惡。他發給女性員工的內部訊息中有許多惡劣的影射，還有對她們的外表和服裝的批評。

芮妮的怨念油然而生。她賺很多錢，但是這傢伙是個億萬富翁。索尼公司的一些主管剛剛才被炒魷魚，在網路上鬧得沸沸揚揚，他們犯下的錯遠不及他。她認為，**需要好好教訓他一番**。她在腦海中反覆琢磨著種種報復方式，然後找到一個對解技來說可能也是一大勝利的手法。

當外面那批男孩在那邊拿這個新找到的寶庫開玩笑時，芮妮躲進了席格的辦公室。

「我有個主意。我們與這位執行長聯繫，以這些電子郵件來勒索他。不要勒索公司的文件。我們置身事外，稍微嚇唬他一下，讓他願意付錢，但不至於去找聯邦調查局。我會和他聯絡，說明情況。我是說，你覺得這對他來說，值一百萬美元嗎？」

「就這樣做，」席格說。

她調查了這位執行長，但找不到他私人的電子郵件地址，只找到工作地址。她給他寫了一封非常謹慎的信，但當中特別提到一封電子郵件，這位執行長會猜到這是來自他的電子郵件：「我敢打賭，它的味道像雞肉，但是非常好的雞肉。」她把內容寫出來時有點發抖，再次校對一遍內容，附上易付卡的電話號碼，這號碼將會回撥到她的辦公室電話。她使用卡特里娜這個化名，點擊了發送鍵。

三分鐘後她的電話就響了，即使當時是舊金山的凌晨一點。這通電話是透過加密的WhatsApp 打來的。從另一端傳來一個人疲倦的聲音，帶著飆網者的語調。

「你好？請問是卡特里娜嗎？」

「是的。」

「我想請問……你們的碎紙服務費用是多少？」

「目前的價錢是兩百比特幣。」

「那是……」他在換算時，音量減弱了，不過她馬上幫他講完這句話，「超過一百萬美元」。

「是的，」她說。

「還有這些文件……會完全銷毀……在這項服務之後？」

「是的。」

就她跟其他客戶打交道的經驗，她聽得出來他正在說服自己接受她的建議。

「你能保證嗎？」

「是的。如果您想的話，我可以將其寫成書面形式並發送給……」

「不！不用了。有你的話就足夠了。畢竟，如果你不遵守諾言，就沒人會再付錢給你，不是嗎？」

「沒錯，先生。」

一個長的停頓。

「你的聲音很好聽。你是哪裡人，俄羅斯嗎？他們付你多少錢？我敢打賭，你會喜歡在美國工作，但H－1B簽證可不好拿，我只想讓你知道我愛女人，我尊重她們。」

「我肯定您是，先生。如果您在接下來的十分鐘不付款，費用將提高為三百比特幣。我會發簡訊給您，提供如何透過 WhatsApp 將錢匯到我們的錢包的詳細資訊。祝您有個美好的夜晚！」

她掛了電話，出了一身汗。她轉過身，透過辦公室的玻璃牆可以看到整間的駭客都在看著她。

她的電話又響了，她不理會。又響了一次，她還是無動於衷。「接起來！」有人大喊，她也不理會。

然後從隔壁的席格辦公室聽到一個訊號聲，因為現在是一片死寂才能聽到這聲音。然後整間辦公室傳來席格的聲音，他用德語講話：

"Oh mein verdammter Gott."

天殺的！

他清清嗓子，走出辦公室，謙虛地宣布：「確認：兩百比特幣存款。」

一百三十萬美元。

頓時歡聲雷動，還有口哨聲。芮妮要到了一筆公司史上最大的贖金。

在雅尼卡瓦爾卡現在還不到上午十點。

在慶祝一會兒之後，芮妮回到她的辦公室坐下。童年時代的一幕在她腦海中不斷重播。她的警察父親在廚房的餐桌上想要教她數學：「你必須先學好數學，然後再學電腦。你可以成為一名會計師，這是一份不錯的辦公室工作。」那時她把額頭放在廚房桌子上，埋在交叉的雙臂中，試圖忽略他。

現在，她在辦公桌上重複了這個手勢。如果她當警察的父親知道她在做什麼，會作何感想？

席格敲門進來，芮妮抬起頭來。

「我們要怎麼分這筆錢？」他問：「由你決定。」

通常，辦公室裡的每個人都會得到贖金的一部分。這是團隊工作，要是有人失敗，他們全都失敗。

她說：「均分，就跟以前一樣，這樣他們才不會為此爭吵。」

「你確定嗎？」

「是的。這又不是最後一次，不是嗎？」

席格微笑。他們以前的駭客攻擊都是針對公司，掠奪機構的數據。這是他們第一次找上知名人物。他們沒有部署什麼勒索軟體，甚至連提供資安服務的幌子也沒拿出來，而是直接勒索。解技即將轉向一個更危險但利潤更高的業務模式。

那天晚上，他們去了芮妮最喜歡的俱樂部之一，她請所有人一杯櫻桃調酒。這是一個充滿八〇年代的夜晚。芮妮與她的同事在英國新秩序樂團（New Order）的「藍色星期一」、德佩許摩德（Depeche Mode）電音樂團和王子（Prince）的樂聲中一起舞動著。席格坐在角落裡看著，在他的餐巾紙上速寫。

他沒想到事情會演變成這樣。他喜歡，因為他們帶來了很多錢。但是現在有了芮妮，她成了焦點。才花了幾個小時工作，就成為一名犯罪大師。僅是靠著 PowerPoint 以及與人交談的天賦，她就讓所有解技的員工像衛星一樣在她周圍旋轉。

席格意識到他已不再控制局勢，他不喜歡這樣。他對芮妮露出真誠的一個大笑容，她也快速地回敬他一個微笑，在一個太長的節拍上，雖然有點醉了。

他好帥，她心裡這樣想，在槍與玫瑰（Guns N'Roses）的「歡迎來到叢林」歌聲中。這麼棒的笑容，這麼棒的一口牙，她想。

就像吸血鬼一樣。

第十章　流言

查理．麥克晚上和週末都在加班，準備要如何公告現在銀行發生的事。當公司遭駭，謠言又傳到媒體的那時候，情況真的是糟透了。人們可以在不知道任何事情的情況下一再地談論他們認為事情發生的經過。正是這種無知導致了一堆荒唐可笑的猜測。這就是為什麼律師有其存在的必要性，因為公開真相可以一口氣消除所有這些胡說八道。

在資安圈，這種謠言散布的現象很普遍，包括查理先前待的中央情報局。在來到現在銀行前，查理從事間諜工作，駐紮在利比亞的班加西。他在發動圍剿格達費基地的致命攻擊前就離開了。查理．麥克對臆測的危險一清二楚。

在現在銀行的這個例子中，流出各種傳言，有的聲稱整份資產管理客戶的帳本都被搶走了，有的說駭客控制了高速交易平台，有可能弄垮銀行或是整個金融部門。另外還有傳言說，「他們」是中國間諜，被政府派去監視銀行的一舉一動。又有傳言說，可能是俄羅斯人想要獲取普丁敵人或朋友的財務資訊。這些謠言大多荒唐可笑，但就跟那些最好的謊言一樣，當中都包含一些真相。

查理知道，一些謠言是由雷科夫本人透過各個媒體聯繫人散布出去的。事實上，某些媒體還曾讚揚現在銀行聘用強硬軍事人員的策略。

但是這些正面報導並沒有辦法幫助雷科夫。查理在外洩事件的調查中，很早就發現雷科夫無法承受壓力。他先是名義上為普雷姆所取代，然後透過組織轉變正式地被換下來。

雷科夫最終將會被調到處理政府關係的職位上，這比較適合他。之後不久，他還得向普雷姆進行工作報告。

但是就目前而言，查理一直在做他最擅長的事——拯救世界，至少是他的世界，以他明察秋毫的專注力以及對資安相關法律的廣博知識來進行。公諸於世的目的是在保持銀行一定程度尊嚴的同時，盡可能向大眾清楚交代事情發生的始末。這次的公開將會確定大多數本來就知道的「已知的已知（known knowns）」、一些「已知的不知（known unknowns）」，但幾乎沒有「不知之不知（unknown unknowns）」。

後兩類的資訊大多數是保留給執法部門，這些執法人員的任務不會太讓人羨慕，他們得向公眾披露必須要公開的內容，但還要保留司法部要納入其全部成就的那些不公開資訊。

查理深吸了一口氣。

威尼斯一案的「北義大利人」其實是兩名以色列人和一名俄羅斯以色列人。聯邦調查局將會逮到他們，要不了多久。還有第四個人，一位名叫東尼・貝爾維德瑞（TonyBelvedere）的神祕人物，他一直在紐瓦克和曼哈頓為這三人洗錢。這項資訊將保密下來，不是由銀行這邊來披露。

溝通團隊在一旁與查理一同工作，準備要向媒體披露的資訊。這麼做是為了重申銀行對資安的承諾，以及維護客戶帳戶的隱私和完整性。

今天是星期天，查理穿著粉紅色的鈕扣襯衫、工裝短褲和露趾涼鞋。他剛從加勒比海度假回來。身材結實，皮膚晒成棕褐色，看起來比較像是個剛放完春假的少年，而不是一名公司律師。他一邊審閱文件，一邊與在場的溝通團隊的兩位負責人交談：卡洛琳和法蘭西絲。

查理覺得在這裡很無聊，他喜歡當間諜。那份工作讓他得以去到異國他鄉，從事興奮刺激的活動，在一切發生之前就得知一切，也在一切披露之前，如果真的有披露的話。班加西、馬爾他、摩洛哥、羅馬尼亞，他喜歡發現祕密，而且更喜歡保守祕密。但是他現在是一個有兩個年幼女兒的父親，所以不能再從事間諜活動。不過現在這情況與查理之前的工作有點接近，在一些內部資訊公開前就預先得知的快感。

事實是，所有謠言大致上都是真的，只是跟威尼斯沒什麼關係。中國駭客是否進入銀行竊取了所有祕密？是的，但那是之前的事了。俄羅斯人是否大舉入侵銀行網路，獲取普丁「朋友」和敵人的資訊？當然。只是他們跟這個案件沒什麼關係。

在這次的外洩事件中浮現出更重要的問題。這些事情與國家安全有關嗎？銀行能否與資金雄厚的國際網軍相抗衡？應該對銀行抱持這樣的期待嗎？

銀行與政府的「合作夥伴」關係十分複雜。首先，無論各機構怎麼宣稱，相應的政府單位都沒有能力真的幫助銀行對抗這些更大、更壞的敵人。要做到這一點，他們需要完全了解銀行的網絡。但是銀行在許多國家開展業務，而不僅限於本國，讓政府看到一切可能會流失許多重要客戶。

此外，許多政府員工都爭先恐後地以其他類型的違規情事來找銀行的麻煩，這可能會給他們帶來聲譽、晉升機會，或者最重要的是，他們可以在一家大型諮詢公司中獲得一份體面的工作。誰知道呢？也許當中真的有些人在乎正義。所以，如果銀行在每次出現問題時都請政府單位來處理，那麼銀行將會受到監管機構的壓抑，遭到媒體抨擊，還會浪費大量時間和金錢，而這些本來可以花在真正的資安維護上。

一切都很複雜，沒有什麼是簡單的。查理最清楚確知的，也是他自己最相信的，還是人類本身的智慧。

銀行、整個資安團隊——他媽的整個資安圈——都太過依賴數據分析。「大數據」，大量資訊流到銀行伺服器的小瓶頸中，由「人工智能」引擎來解析，然後讓那些大學畢業才兩年的孩子來製作成電子表格或是PowerPoint簡報檔。

根據查理的經驗，這種方法對於解決日常問題很有用，但從長遠來看卻毫無意義。它什麼都沒有「解決」。

真正造成差別的是，去到現場，或在戰壕裡，那些在犯罪、查案或是觀察犯罪的人才能解釋實際問題，並揭露解決之道。我們要和誰打交道？他們的動機是什麼？其他所有一切都只是贅字。查理應該知道，他是律師。

這就是為何他喜愛卡洛琳的原因，她知道人為因素的價值，這也是她為什麼會僱用很多之前當過間諜的人。

揭露內容將會類似下面這樣：

二〇一四年八月五日，我們發現一群犯罪分子駭入我們的伺服器，竊取了詳細個資，包含八千七百萬筆現在銀行客戶的姓名、社會安全號碼、地址和電話號碼。我們正在與執法部門合作調查此事，因此，我們無法完全披露調查的某些細節。

還有更多，但這很好。不錯，直截了當，充滿響亮、安全的已知的已知。

他在開什麼玩笑？這內容會讓大家嚇壞的。

到二〇一五年情人節那天，現在銀行的每個資安人員都在找新工作——如果他們還沒有跳槽的話。年度分紅將在幾週內發放。在那之後，將開始上演真正的出埃及記。

當他們在威尼斯案子中苦苦掙扎時，銀行承諾了高昂的薪水和高額獎金，但這兩者都沒有成真。許多參與其中的人認為，這是因為雷科夫激怒了許多人，他們排擠他，更進一步證明將他調走是合理的。他們當中有許多人是銀行內部運作的新手，忘記了他們在成本中心工作的事實。一旦進入成本中心，就永遠屬於成本中心。

雷科夫今天很忙，他正在見一些重要人物。敲門聲讓資安監控中心中的一些行政人員感到驚訝，是一個男人和一個女人，他們都戴著耳機，後面又站了另一個男人。他們似乎很重要。

「我們想找……比爾．雷科夫在嗎？」沒戴耳機的男人問道。

祕書回答：「是的，他在樓上。但是我現在可以讓你們進來。」

這名男子是海軍上將麥克．羅傑斯，與他同行的人是特勤局探員。今日他身著便裝。羅傑斯是國家安全局局長和網絡司令部的負責人，這單位是所有武裝部隊和國防部其他機構的中央運作站。他前來查看資安監控中心。他看上去似乎很困惑。

祕書刷了門卡，將他帶入資安室。門開了，資安監控中心的員工抬起頭來，有些好奇，然後低頭繼續看他們的。其中只有一名海軍退役人士認出來者的身分，並向他敬禮。其他人都不知道麥克．羅傑斯是何許人。

法蘭西絲現在懷孕五個月了。她走進房間，向羅傑斯海軍上將及其隨行人員揮手致意。

「您好！」她坐在座位上說。

就在這位海軍上將到來前不久，她收到一家諮詢公司的工作邀約，願意給她兩倍的薪水，儘管她現在懷孕五個月。她不知道羅傑斯海軍上將是誰，現在的她也不在乎。先是房子被燒毀，然後又出現資料外洩事件，這一年過得很辛苦。

不過，目前現在銀行的許多資安人員都收到豐厚薪資的工作邀約和積極的人資招聘人員的電話。他們的電話號碼在招募人員間脫穎而出。

這間銀行的資安員工現在身價都暴漲，他們的技能讓他們有很好的市場。那是因為他們經歷做過威尼斯這個案子，有處理複雜的公開資料外洩事件的經驗，這是有史來最大的一起外洩事件之一。那些想要僱用他們的公司不會將外洩事件怪罪到他們身上。在這些資安專家各奔東西之際，高層主管則得承擔一切責任。

卡洛琳將去一家保險公司任職，那裡已經有許多她培養出來最好的龍。查理會留下來，不是因為沒有工作邀約，而是因為他一直覺得在其他人離開之際，現在銀行漸露曙光，而每個人都知道他是個特別的怪人。

普雷姆將上升到頂端，他已經取代了雷科夫，正坐在辦公室裡。將會有一個新的團隊進來，舊日守衛設下的束縛將會消失。

雷科夫正逐漸適應他以政府關係為主的新角色。事情一定好轉了，因為幾位拜訪他新辦公室的員工都在他辦公桌上看到一瓶工業尺寸的威而鋼。

也有新的罪犯出現。查理正忙著草擬一份內部政策，指導銀行及主管如何應對勒索軟體及其罕見的網路勒索手法。

不過，這只是草稿。勒索犯現在非常謹慎地鎖定目標。他知道，一旦其他犯罪集團發現這樣簡單又具有成本效益的攻擊潛力，整個情況就會改變。他喜歡那樣，這是一個新載體。這概念儘管齷齪、下流和偷偷摸摸，但就跟間諜一樣古老。

他就是**愛**這一點。

第十一章　戀人

席格笑了。他又重新控制整個局勢，所以這些日子他經常笑。

芮妮在家，在他的家，這是他在一場旋風式的浪漫追求後為他們買下的住所。她不再進辦公室了。這樣比較好。

在她一夜之間的瘋狂成功後，解技的傢伙開始向芮妮請益，這威脅到了席格對整個企業的掌控。為了解決這個問題，他愛上她，並確保她也愛上了他。在她意識到之前，她對生活的所有夢想都已經實現，有了刺激、引人注目而有趣的人生。她非常崇拜他，也很愛他。一切都輕而易舉，現在她仍然為解技工作，但是不在檯面上。一個完美的解決方案。

他正在考慮三項業務提案。第一項是日後稱為「後蘇聯銀行搶劫」的計畫，但這個騙局還在起步階段。他得去一趟布加勒斯特了解更多資訊。這些日子他不喜歡旅行。不過，他已經在芮妮的電腦中安裝監視軟體，並在她的手機上裝上GPS，因此他會知道她的一舉一動。

芮妮很難相信，不過在六個月前，她還在俱樂部跳舞，慶祝自己當上百萬富翁的生活。透過電話和世界各地聯繫，工作充滿著危險、爾虞我詐，還要向資產億萬美元的公司敲詐勒索，這一切真是太性感了。那股興奮持續了大約一個星期。但是現在她不再去俱樂部了，她甚至不上班，她完全擺脫社群媒體，離開她的房子和所有的朋友。她的母親似乎也沒有注意到，只給她打過一次電話。

僅僅六個月，現在芮妮在家工作，或者說是在席格為她買的一間舊農舍，打算要翻新。這農舍寬敞又通風，但是大部分時間她都獨自待在房子裡最小的房間。她甚至害怕走出門。

一開始，一切都很棒，很浪漫。席格不斷稱讚她的野心、敏捷的思緒以及如何善用她淺薄的教育和平庸的容貌。

淺薄。平庸。

然後，他鼓勵她與她的大學完全切斷聯繫。然後，在他的新家上班。或者說她的家，他確實說那是她的房子，是他為她買的，但這實際上是他的。

她的朋友起初不敢相信，她還這麼年輕，這麼快就這樣安定下來，所以他告訴她別再跟他們往來。他說，他們會給她壞影響。

他說他想要娶她，定居在這個寬敞郊區的一大棟鄉間別墅裡。但是她感到自己的世界變得很小。曾經，她熱愛當服務生的自由，聽音樂、跟同事打招呼、與朋友分享照片，但這些全都被取代。首先是工作，然後是席格。想著他，擔心他和她在一起是否開心，擔心她會做出什麼惹他不開心的事。席格希望她更好。

「這有什麼不對嗎？我只希望你成為最好的。」

所以她坐在這裡，努力工作。他愛她，不是嗎？他是這麼說的。他監視她在網路上的時間，因此她很難離開。他不斷給她發簡訊，如果她不立即回覆，他會擔心，或是生氣，有時兩者都有。但是她不介意，他只是被她迷住了，那是他使用的詞，沉迷。

所以她縮在那裡，像豌豆一樣。即使在現在，她仍然縮在雙人座，膝上擺著筆電，透過IP語音服務，坐在椅子上接聽遭勒索者的電話。現在，電話沒有過去那麼頻繁，公司已經建立起名聲。解技在破解操作方面享有盛名，一旦支付費用就可以信任它會釋放資料，不需要再打客服。

芮妮懷念她以自己微薄之力所提供的幫助，這為勒索軟體業務帶來爆炸性成長。她的下巴不自主地繃緊了，她懷疑自己的頜骨有問題。疼痛，她不知道為什麼。她覺得很熱。席格總是說她似乎太焦慮了。她可以感覺到頜骨收緊，自己在磨牙，這只是緊張、焦慮嗎？也許是另外的問題，感到被困住、無路可走的醫學術語是什麼？

＊　＊　＊

在上海，波正在與他的一位客戶調情。這位商人是英國人，但在塞內加爾工作。在他的 Fiverr 網站的個人介紹處放了一張照片——很少人這樣做。他們選擇離線對話，透過加密的簡訊應用程式 Signal 繼續打情罵俏。

但是當這個在石油公司工作的客人開始問他是怎麼拿到關於他的資料等問題時，事情急轉直下。波一如既往地扯淡，說這是公共資訊資源、他們公司的證券檔案等。但是這個客人還不罷休，「這樣的資訊太好了、太個人化了，根本不可能從公共來源取得。」

他們本來可以談論更性感的事情，但是波腦中內建的天線升起了，畢竟他才離開軍事訓練沒多久。

客人傳來：「我知道你手中那些沙烏地阿拉姆科的電子郵件並未在任何地方公開。」

那天晚上，波將會一路喝酒喝到昏睡，然後第二天早上帶著宿醉到酒店上班。但是首先，他把手機像熱騰騰的馬鈴薯一樣丟到床上。然後，他進入 Signal 刪除了他的聊天紀錄。然後，他移除了這個應用程式。然後，他把手機前前後後擦得很乾淨。然後，在一陣暴怒下，他把它丟到馬桶裡，之後再用錘子砸爛。

不會有太過小心這回事。

第十二章　研究員

這是羅馬尼亞一個美麗的六月天，春天就快要結束了。在羅馬尼亞語中，春天拼作「arc」，是英文中弧線的意思。席格很喜歡這個字。他的故事和解技的故事即將改頭換面，因此這個時節似乎很恰當。

席格望向他的表哥迪特・瑞奇林（Dieter Reichlin），他是一位德國電腦專家，看起來比席格更像一名駭客，這讓他感到很開心。迪特的整隻手臂，從手腕到肩膀都有彩色紋身，描繪著並不存在的外太空和奇幻星球。他穿著黑色T恤、黑色牛仔褲和黑色皮靴，都是便宜貨。他的頭髮留得很長，頭頂有點稀疏。

席格哄騙迪特過來，以便詳細了解迪特所寫的一種詐騙手法，但迪特並沒有真的付諸行動。這正是兩者間的區別：席格是行動派，而迪特則是坐在一旁觀察。

迪特似乎並不在乎賺錢，這讓席格感到困惑。**沒關係**，席格認為，**這樣我賺得更多**。

迪特是一名資安研究員，合法的。他前來羅馬尼亞，不喜歡這裡、不信任這裡，他要靠一堆易付卡號碼才能進入空域。

資安研究人員在資安領域中占據一個有趣的區位。他們通常是獨立工程師、駭客或情報收集員。他們是自由工作者，會以紙本文章或部落格文章來宣傳自己的工作，揭露各種公司的資安失誤，或是新型的網路犯罪。

他們通常會認識罪犯或犯罪組織，才能向外界描述他們的罪行。迪特有點不一樣，他對隱私研究非常感興趣，而且通常不會洩露出去，只是自己研究。

迪特認為席格以為他對解技創新的犯罪活動毫不知悉，迪特覺得這樣很好。席格沒有解釋清楚他搬到雅尼卡瓦爾卡的原因，也避開任何跟他目前工作有關的對話。迴避、微笑、點頭，然後繼續下去。這就是席格，迴避大師。

迪特可說是他的表親，但兩人沒有真的血緣關係，而是因為熟識。他們的母親是兒時的朋友，所以他們被迫當玩伴，一起家庭旅行，而且，出於必要，在整個人生中都大致朝著相同的方向漂浮。電腦營、編碼課——迪特很擅長，但席格卻被當掉。踢足球時，迪特則完全不行，但席格靠著身高及精實的身材，混得還不錯。

但是不知道為什麼，儘管身材高大，又長得帥，席格卻無法和女孩處得好。那是最終的關鍵點，迪特知道，他對此特別小心。席格發怒時可能非常冷酷，讓人恐懼，他寧願避免陷入這樣的麻煩。

席格和女孩。在從赫爾辛基飛到這裡的三個小時期間，迪特回憶起。女孩受到席格的外貌和魅力所吸引，會蜂擁而至地湧向他，但過不了幾天或幾週，他們便分手了，女孩看上去面無表情，垂頭喪氣，對朋友竊竊私語地談論席格，在迪特看來，這意味著席格正以某種方式遭到抹黑，就這樣黑掉。

長大後，席格不得不走去外面更廣闊的圈子，從他們的小鎮到附近的村莊，直到那裡的女孩也對他竊竊私語。席格走得越來越遠。現在他一路到了羅馬尼亞，迪特忍不住想知道那位被他鎖在新房子裡，他不斷吹噓的女孩到底是怎麼樣的人。

讓迪特驚訝的是，當他們成年後，反而是他這個矮小、有點笨拙但有足夠溫情的人在女孩間很吃得開。在他看來，他們都算是電腦宅男，但他總是有位漂亮的女朋友在身邊，即使分手後還能當朋友。席格對此冷笑，但他顯然嫉妒。這讓這兩人分道揚鑣。迪特不是心理學家，所以他無法說出原因。

迪特不喜歡席格，但他還是跟他保持密切往來，這點很令人費解，甚至連迪特本人都說不出個所以然來，要到後來他才明白箇中緣由。席格成為罪犯後，迪特繼續擔任研究人員，他現在知道他們保持聯絡的原因：因為席格是個很好的樣本，而迪特是一位出色的科學家。

在他從赫爾辛基飛往布加勒斯特的三年前，迪特娶了一位來自芬蘭宛如幽靈般美麗的女孩，並定居在那裡，想要生養很多個皮膚透白的孩子，並且基於正當目的悄悄駭入電腦。

大約在同一時間，席格在德國遇到了某種麻煩，然後逃往東歐，就是在那時候，他們停止通電話和見面。至於麻煩是女孩還是電腦，迪特難以確定。

那時，席格就這樣消失了。環遊世界去了，他說。

迪特以影子寫手的身分寫了幾篇有關東歐的勒索軟體和犯罪企業的文章，刊登在德國一家電腦學術期刊上。他特別撰文探討社交工程學的技術，這些技術是以電子郵件、電話、簡訊甚至是視訊會議來冒充他人，進行詐騙。

在其中一篇他有具名的文章中，他專文探討了ＡＴＭ詐騙提款的伎倆，這涉及到一種特別困難的社交工程技術——在詐騙的例子中，這要靠著異常狡猾的欺詐能力，適合自戀者和社會變態者來進行。這就是他收到席格電子郵件的原因，他對他的研究印象深刻，想知道他是否想要來一趟羅馬尼亞。他寫道，一年之中布加勒斯特在這個季節最棒。

迪特立即同意這次旅行。席格認為這必定是因為他久違的表親對自己的婚姻生活和育兒責任感到無聊，畢竟有誰會真心喜歡這樣的生活？

迪特一直都在進行研究，他其實只是想知道席格在搞什麼鬼，因為席格是罪犯。迪特跟蹤犯罪，喜歡寫他們。

於是他們這樣一來一往地，透過電話和電子郵件安排好旅行事宜，閒聊了幾週，兩個帶有相反電荷的磁鐵，譜出一段輕快的華爾滋。

他們約在一個好地方碰面，在布加勒斯特機場附近的一家酒吧。迪特撒謊說他只能當天往返，用了看似合理的謊言：他的妻子要出差，他必須回去看孩子。

「那太可惜了，」席格說。

「是啊！但我能怎麼辦？她想工作，你知道女人的，」迪特這樣抱怨，他的妻子默默地笑著，在廚房裡給他比了根手指。

現在，他們見面了，在布加勒斯特的這家酒吧裡。迪特詳細描述了這種新型犯罪，席格滿懷期待。ＡＴＭ提款詐騙並不特別新穎，但是這種特殊手法將其提升到全新層次。

「是從這樣開始的，」迪特說：「我們隨意先選兩個地點，假設一個在羅馬尼亞的布加勒斯特，另一個在愛沙尼亞的塔林。你先研究調查一番。銀行擁有不同種類的ＡＴＭ，其中一些裝的錢比其他的多，有的高達二十萬美元，一般都只有約一萬美元。」

「放有二十萬美元的ＡＴＭ有很多共同點，它們比較老舊，與銀行聯線的時間毫無道理可言，而且通常放在會用到大量現金做生意的地區。這些可能是有流氓活動或是有許多沙烏地人聚集的地區。總之，你發現塔林第一地方銀行擁有眾多這類大型並放有大量現金的ATM。再進行更多研究，查出他們什麼時候填裝自動提款機，是在幾點？由哪家汽車公司帶來現金？他們什麼時候出發？銀行當時是開的還是關的？當時的車流量大嗎？」迪特稍作停頓。

「找出符合所有條件的最佳位置。好了，現在你選定好提光現金的目標。」

迪特做了一個簡單的PowerPoint簡報來說明，在他那台破舊的七年筆電上。席格皺起眉頭，嘲笑這PowerPoint很糟糕，並說他知道有人可以做得更好。迪特喝了一口酒，沒理他。

「下一步就是開戶。假設你找到一間不錯的小銀行，塔林第一地方銀行，它在布加勒斯特有一間分行。然後你去找一個錢騾，一個你很了解的人，一個看起來值得信賴的人。像你這種有模有樣的人，而不是像我這樣身上有很多紋身和穿著爛衣服的人。」

迪特繼續講下去前，發出一抹詭異的微笑。「這個長得體面的錢騾在布加勒斯特的塔林第一地方銀行開戶，以一個塔林的郵政信箱當作地址，這樣就會獲得一個帶有簽帳金融卡和適度存款的支票帳戶，以及一張具有適當額度的信用卡。銀行的簽帳金融卡和信用卡會郵寄到塔林的郵政信箱，你在那裡有一個認識的人，一個錢騾，會去收信。如果你——或者是罪犯——是與龐大的人際網絡合作的話。」

下一張投影片要花很長時間才能加載。迪特對這台舊筆電感到氣憤。

「你知道，」他說：「如果你不喜歡 PowerPoint，我有一段短片來說明這種犯罪行為，但無法在我這台電腦上播放。」

席格嘆了口氣，用隱晦的眼神看著他，他把手伸進包裡，拿出一台昂貴的新型筆電。

迪特說：「耶穌，那東西真漂亮。」

「你需要善待自己，」席格說：「我相信要養妻小，你的花費很有限。但是，如果你要在業界成功，就需要擁有最好的東西。我希望這個女人知道這點。」席格憐憫地看著他微笑。

「我能怎麼辦？」迪特聳聳肩：「你知道女人的。」他拉拉自己兩塊錢美金T恤的衣領。他的臉變成紅色，下巴收緊，盡力讓這恥辱過去，但席格那種隨意的殘酷言行激起他的憤怒，他不認為這是因為他們的過去，也不是那種兄弟間的潛在競爭。

在家裡，迪特擁有一套專門為他個人訂做的、最先進的而且是完全分段的個人網絡。全自動智能家居。他有三四台筆電，都比現在這台好得多。他的年薪有六位數，如果他想的話，還可以要得更高。他的妻子是一位成功的會計師。迪特沒有必要吹噓自己的財富。席格的弱點是他的傲慢。迪特知道這一點，因此可以控制自己的情緒。

迪特從口袋裡掏出一個USB隨身碟器，插到席格的電腦中。席格幾乎沒有注意到。迪特繼續稱讚這台電腦，有流暢的造型和超大儲存量。他從隨身碟上打開了關於ATM提款詐騙方案的短片。在迪特的讚賞聲中，一個非常針對性、非常陰險的特製惡意軟體已經在無聲無息間自行安裝到席格的電腦上。

這兩兄弟還繼續跳著曼妙的華爾滋。短片以精美、明快的漂亮形式展開，非常神奇地就停在迪特剛剛暫停的地方。

「我剛講到哪裡？哦，這裡，如果你——或是我們講的罪犯——有與犯罪網絡合作，那毫無疑問，他們在塔林早就安排好錢騾從事下一步。但是，如果組織規模較小，通常會是罪犯的熟人或罪犯本人前去收取。錢騾從塔林的郵政信箱中拿到簽帳金融卡後，就將其開卡，然後等待。」

「等待？多麼令人沮喪！」席格微笑著繼續專注在短片上，對USB隨身碟毫不介意。迪特心想，**好個罪犯**。

「現在是駭客的部分。要有人偷偷地在銀行的網路中安裝後門程式。這可以透過社交工程的技巧來完成，好比說騙取銀行系統管理員的登錄名稱或密碼，或是網路釣魚，不然就是寄送竊取憑證的惡意軟體，有好幾種方法都可以達成。騙局的這部分目前還沒有明確的作法，無論是採用哪種方法，你都可以進入銀行網路，然後進去找你的錢騾剛開的帳戶。」迪特按下暫停鍵。

「這時要找的是平均每日提款額度和信用卡的信用額度。你將兩者都調高，至少達到二十萬美金。大多數帳戶都會限制一天從自動櫃員機領取的金額，因此你也要改變這一欄。顯然，你需要盡可能地把信用額度調高。」

席格專注地看著短片停格的畫面，睜大眼睛。另一輪啤酒來了。「銀行不會發現這樣的修改嗎？」席格問。

「可能會，這很大程度上是取決於那些觀察異常的員工。但是通常，不會有人注意到，至少不是馬上。這就是為什麼要很快進行下一步驟的原因。塔林的錢騾拿著信用卡，等待銀行將ATM裝滿鈔票的那天。帶著一個麻布袋，選在晚上，穿上適當的衣服，要有點偽裝，把信用卡放進去，輸入一些數字，在二十萬美元以下，然後ATM吐出錢來。用麻袋接著自動提款機的吐鈔口，然後裝滿走人。有些人靠這招，在一天之內就賺了一百萬美金。」

「他們是用哪一類的惡意軟體來取得憑證？」

「有一種叫做八月（August Malware）的惡意軟體，這是針對微軟的 Word 文件檔案，要進入大多數銀行，這算是輕而易舉，不過這對俄羅斯銀行比較不管用。但還有 Acecard 和 GMBot 這兩個惡意軟體可用，它們都是針對 Android 作業系統。」迪特故作天真地聳聳肩，他知道在羅馬尼亞大家都用 Android 系統，而且席格這段聽得特別認真。

席格現在的笑容更軟化，有點醉意。他已經將他們的業務範圍擴大。他對勒索軟體感到厭倦，現在有許多其他組織也紛紛加入。迪特講得這一套似乎是個不錯的新計畫。而且他已經有個漂亮的紅棕色頭髮的羅馬尼亞姑娘，她會是完美的錢騾。

迪特巧妙地將ＵＳＢ隨身碟取出，然後放回他的口袋。這時他也感到更加放鬆，部分是因為喝了酒，部分是因為他成功安裝了惡意軟體。至少沒有馬上引起席格的注意，而且他很快就會搭上回赫爾辛基的飛機。

他們繼續聊一些言不及義的事。席格絕口不提及芮妮，迪特也不談妻子和孩子。他們聊政治，即將舉行的法國大選——席格確定極右派將獲勝，還聊到美國總統大選，有一位名叫唐納．川普的候選人剛剛宣布將競選總統。

迪特說：「整件事將會變成一齣鬧劇，那是我所確定的唯一一件事。」席格醉醺醺地表示同意。

「我認為，另外那位參選的女人不會受到歡迎，」席格說：「去看俄羅斯人怎麼做會很有趣。他們最近非常活躍。」

「是的，」迪特同意，這次是真心的。他看了看手錶，是離開的時候了。

第十三章　志願者

在二〇一五年，任何從事資安的人，不論是非法的一方、合法的一方，還是介於兩者之間的，都看得出來俄羅斯那邊變得更加活躍了。他們忙到甚至無法即時訓練出駭客。網路罪犯的需求量很大，尤其是政府資助的情報組織。在情報組織和情報人員中有非常多的駭客參與網路犯罪，即使是那些知情的人也不確定他們到底在跟誰打交道。

二〇一六年美國總統大選前夕，這一活動達到巔峰，但參與的俄羅斯人分散在各地，其意識形態和背景看起來似乎不是很協調。這一點就是連沒有受過訓練的人也可以看出來。到這個時候，已經沒有「農場隊」可以從中找到想要加入俄羅斯網路運作的人。招聘方式已完全改觀。

在暗地做些勾當的人可能不會想為政府工作。除了在世界杯賽事時為俄羅斯加油外，他們從未從事任何形式的愛國任務。但卻受到政府壓迫來為國服務。

這些年輕的俄羅斯人，就像是卡洛琳在現在銀行舉辦的黑客松中遇到的年輕學生。只是在這邊，他們是從俄羅斯各地招募來的，而不是聚集在銀行總部的會議室進行面試。和普丁的親信喝一杯茶，聽他們講招募的辭令，絕對比卡洛琳鼓舞人心的講話更具說服力。

招聘過程可能更為現代化，不過他們的一項主要任務是針對高年齡層的選民。選舉干擾可說是一門藝術，而最先將這門藝術發揮得淋漓盡致的也許是英國人。

一九四〇年，英國情報人員希望未來主掌美國政治大位的人將會支持美國參加二次世界大戰。於是，他們竊聽了這些候選人的電話，並使用他們在媒體競選活動中所錄下的足以危及選情的言論，來攻擊不支持美國參戰的候選人。

他們透過一群操守不佳的記者來傳播新聞，以虛假或誇大不實的報導來攻擊那些想要置身於戰局之外，或是維持中立的候選人，其中一篇報導指稱他們發現有一政黨收受納粹的捐款。目前尚不清楚他們的這些作為究竟產生多大的效應，但當時的英國可能左右了美國大選的選情。

事實上，每次選舉，無論是總統大選還是其他選舉，都會受到某種外部勢力的「干擾」。每個候選人背後都有一系列國家，有的大張旗鼓，有的悄然行事，都在幫特定候選人打贏選戰，以便他們能與美國建立關係，從而達成自己的目標。

在過去的二十年間，發生了一系列變化，這讓俄羅斯獲得比過往更強大的操縱選舉的能力。首先是出現一批數學奇才和電腦駭客這組高超技術人才，而更重要的是，俄國政府現在願意讓那些犯罪分子、情報官員或兩者兼具的人與伊朗和北韓這類國家合作，共同削弱美國的基礎。

現在他們有足夠的測試場。美國已將其技術出售或部署到全球許多地方，巴西、烏克蘭或墨西哥的網路基礎設施就算遭受攻擊，美國也不是特別擔心，但他們和美國具有相同的基礎架構。

在這領域，資安人員要能出類拔萃，唯一的途徑就是去實地操作。這幾十年來，俄羅斯一直把整個世界當作實驗室。

然後是各聯盟間不穩定的問題。數位招聘人才的方便，隨著網路的全球化，要說服不滿政府的人吐露其憑證成了一種藝術形式，而且隨著網路的普及，變得越來越容易。但是有件事是永遠不會改變的，那就是改變他人想法的人性傾向，儘管這說來有一點自相矛盾。

在俄羅斯和其他網路犯罪的溫床中，有一個長久以來的先例，每個的受僱者、政府人員、操作人員可能在某個早晨醒來時，就突然決定要轉彎，臨陣倒戈，換個陣營。

*　*　*

芮妮躺在床上，全身發燙。她懷孕了。她感到恐慌，因為她以為自己不會懷孕。她擔心席格不會相信她。她檢查了他買的保險套盒，他說他都有用。但是她找到一個沒有打開的盒子，放在浴室抽屜的深處，仍然裝在藥房的袋子裡。

他是否根本就沒有戴？她知道如果她這樣問，他會怎麼說。他會說她是在妄想，瘋了。若是提出來，一定又會被他罵說老是平白無故地指責他。

「我像女王一樣待你，這就是我的回報。」他的臉會從帶著潔白露齒笑容的溫文儒雅，轉變成張牙舞爪地暴怒。他會說她有幻覺、幻聽，「也許我們需要幫你找個心理醫師？」他會向她吐口水。

到了六月，她明白自己已經有三個月的身孕了。她一直很忙，分心在其他事上頭，沒注意到經期沒來。是席格先發現她在第二個月左右時變胖了。他把房子裡的碳水化合物淨空，堅持要她只能吃扁豆和少量的去皮雞肉。她一直感到飢餓，現在她知道是怎麼回事。

所以，她等著他回家。他說他要去布加勒斯特見個商務聯繫人，還是老朋友？或表哥什麼的？她不記得了。一切都是如此神祕，他總是不交代清楚自己的去向和作為。

他將在深夜回家，午夜過後。她希望他回到家時不會想做愛。她無法入睡，因為現在她知道自己已懷孕，她腦子裡就只有這件事。

她幻想著離開羅馬尼亞，去到更好的地方，而且要離這裡很遠。在狂野的幻想中，她逃到了英格蘭、美國和加勒比海地區。她想像他們把錢全花了，自己和席格在一個溫暖的小島上。然後，也許過去的那個席格就會回來。

她是那個向科技業主管打調情、俏皮電話的女孩，用一兩個清晰的單詞就能結束他們的詢問，輕而易舉，哈！哈！哈！但現在的她只能打斷自己的內心獨白，只有一個聽眾。不過，從技術上來說，現在有兩個人，其中一個是嬰兒，她簡直不敢相信這是真的。

她凝視著天花板，撫摸著下巴。她一直在讀醫學網站上關於下巴疼痛的建議。她排除大多數造成這種情況的許多原因，不是牙齒問題，補牙的地方也沒掉，也不是流感。醫學網站上提出了一個奇怪的原因，這是她之前完全沒有想到的——憤怒，未解決的憤怒。

她對此稍加思索。憤怒，是的，憤怒。一種奇怪的感覺。

第十四章　母親

資料沒有消失，只是被鎖住了。波有點驚慌，他竟成了勒索軟體的受害者，他的檔案被鎖起來了。他漂亮的數據，全被綁架了。他有半小時的時間來回應襲擊他的罪犯，首先是那位塞內加爾的間諜，然後又碰到這個。他想，只要和狗一起躺下，就會弄來一身的跳蚤。真是夠了！

這個勒索軟體是CryptoLocker，他竭盡所能地調查了一番，查詢要如何修復。這和解技使用的勒索軟體類型不同，版本比較舊，比較簡單，但是更為殘酷。波不會遇到任何輕聲細語的客服，跟解技的全方位服務業務比起來，這是一種自動化版本。

波手上有數十億位元的研究資源，找上他的似乎是俄羅斯人，或是北韓人？很難以這些自動化過程來判斷。他們要五百美元，或等值的比特幣。波很慶幸自己手上有一些加密貨幣，足以支付款項。他準備好用他的智慧型手機來匯款，但停下來一分鐘，思考自己到底在做什麼。

那天是二〇一五年的萬聖節，在上海。這座城市對這美國假期懷抱過度的熱情，人們在波的公寓窗外放聲叫喊。

波遭遇到的這種勒索手法，正處於起飛階段，但即將會轉變為全球現象。像解技這類更為複雜、規模較小的組織已經開始轉向網路勒索：要求贖金來掩蓋不名譽的資訊，通常要求的數字更高。自動化勒索軟體則是另一股新趨勢，因為這可以在被發現前就一次將病毒傳播到多台機器上。這是一種量販店式的網路攻擊。

這裡也有很多晦暗不明之處。很難確定勒索者是否真的可以讀取他們竊取的文件。就連某些罪犯都並不是每次都知道他們所到手的東西為何，但這很可能是因為他們到手太多不名譽的文件和電腦，因此很難真的查明詳情。

波擔心他們不僅鎖住他的檔案，還下載了它們。失去這些資料，等於是葬送了他的事業。他很氣自己沒有更新那台該死的筆電，他連五分鐘的時間都不願花，好像自己根本不知道這問題的存在。他們不太可能拿到他的檔案，但是他不確定 CryptoLocker 的工作方式，甚至在私人論壇上也找不到足夠的資訊。

波向來堅持自己的技術方法，從未將資料庫搬到雲端伺服器上，這表示所有資料都存在這台筆電中，也只有在那裡。多年前，他養成在另一個硬碟上備份的習慣，但後來變懶了，就沒再這麼做了。這意味著除非他付贖金，取得解密密鑰，才能夠將他的資料備份，否則無法再讀取他所有的檔案。

他心想，也許這是上天的安排。他一直想重新開始。也許他不該付贖金，也許他應該讓那些檔案被鎖起來，也許他應該認真做好這份旅館工作，也許他應該過著美好、乾淨的生活，找到一個可以安頓下來的好女孩或男孩。

又或者，他可以支付贖金，留住資料，完全朝反方向前進。在暗網上，他經常會去一個地下小組，這小組一直在討論詐欺手法，其中有一種剛好有涉及到他用USB隨身碟惡意軟體收集到的那類數據。

運作方式大概是這樣的：波從選定的律師事務所、銀行或顧問公司中策略性地收集專有資訊。主要是關於上市公司的資訊，而且都是未公開的。換句話說，這資訊可能會影響到公司股價。

若這是一家製藥公司，這資訊可能是一種癌症藥物的測試結果不良；如果是顧問公司，則可能是會導致大筆資金流失的消息。然後，小組中的其他犯罪分子放置間諜軟體在目標的電腦中，或是讀取擊鍵的內容，或是透過網路攝影機來觀察，判斷何時發布新聞。

然後，這小組根據這一消息來買賣股票。這手法幾乎總是賺錢。他們在股票市場上賺了幾百萬美元，遠遠超過波在 Fiverr 網站上賺的零用錢。

接下來，在波的腦中，浮現了一個最瘋狂的選項：離開犯罪圈，找一份合法工作。有一家在新加坡設有辦事處的美國公司向他提出工作邀約，處理大數據和分析。這是他在 Fiverr 網站的一位客戶，一位常客給他的。這傢伙是一位高階主管，負責處理南亞小企業的部門。他對波收集某些公司的這種細部知識的能力感到佩服。這位主管沒有什麼理由不相信波的說詞，他認為這些資訊都是合法收集的。

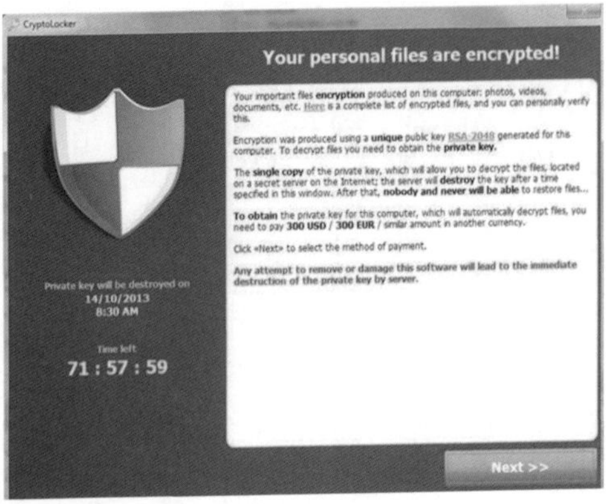

波可以申請去新加坡的簽證，去到這個奢華而刺激的國家，那裡也許比上海還有趣。但是他必須放棄他的數據收集活動，徹底改變他的生活方式。一家美國公司不會容忍他的數據收集，他也不能冒險觸犯新加坡的法律。他可能還得擔心自己過去冒險所做的一切。

他凝視著電腦螢幕。看起來像上面這樣。

在外面，人群越來越喧囂，鼓聲和音樂都開始了。他意識到已經過去了十分鐘。在所有數據遭到銷毀前，他現在只剩一個多小時的時間決定。他在手機上注意到一則語音留言，來自無法識別的號碼。

他把語音播放到音響上，聽到聲音時差點從椅子上掉下來。是他的母親。他甚至不知道她是怎麼得知這個電話號碼的。他上次聽她的聲音是將近一年前的事了。她一如既往地堅定，但那裡還有更多的情感。她說，爸爸患了流感，他們非常感謝他六個月前寄給他們的錢。她想念他。

波的母親來自中國最西部的喀什，那裡靠近尼泊爾。她是佛教徒。她堅持傳統。她試圖將他塑造成和她一樣的人——努力工作，安於平淡但安全的生活——但她沒有成功。

喀什曾經是絲路上一個重要的貿易站。波喜歡讀有關其歷史的文章，這是吸引他進入暗網的原因之一，當時有一個同名的非法市場正在網路上興起。

絲路是中國、韓國、日本、印度、伊朗、歐洲、阿拉伯世界和非洲大陸之間進行貿易的必經之路。

絲路上交易的不僅是絲綢。伊斯蘭教和基督教也透過這條路將其教義傳布到世界各地。藝術、文學和哲學，還有文化傳統、語言和美食也一起傳播。

波小時候，他的母親會告訴他絲路最初的故事。這是她難得展現溫柔的時候，也是他最美好的童年記憶。他最喜歡的一則故事是關於沙曼荼羅的傳統，當中講到佛教僧侶在製作完精美、色彩豔麗的沙雕後，便在宗教儀式中將其毀掉。

她告訴他，阿拉伯人、猶太人和歐洲人經過喀什看到這場景時，臉上都露出震驚的表情，她講得唯妙唯肖，彷彿她自己也在那裡。當聽到僧侶們吹垮沙雕，外國人對此感到震驚時，他便會笑。所有的工作，所有那些精美的設計，就這樣消失了。

當然，這是高中教科書版本的故事。喀什這個古老的貿易站見證的交流要比他母親過去告訴他的那些愉悅故事黑暗得多。有人千里迢迢帶著奴隸，沿著這條路線進行交易。維京人俘虜的婦人會在都柏林出售，土耳其人俘虜的年輕人則會被賣去打仗，參與整個奧圖曼帝國的戰爭。絲路也是病毒和細菌的主要傳播途徑，包括造成黑死病的鼠疫桿菌（*Yersinia pestis*）。

相比之下，以絲路為名的暗網則是以其惹出的禍端而聞名。成立於二〇一一年，主要用來販賣毒品和槍支。這也是個原爆點，是網站創始人美國電腦程式工程師羅斯・烏布里希（Ross Ulbricht）實踐他某些自由理想主義的地方。

創造出這種算是自由思考練習空間的烏布里希，因為在這條數位絲路上販毒和其他罪行目前正在監獄中服刑，他被判了兩次無期徒刑。

與大多數暗網上的網站一樣，要進入絲路需要先下載一特定的瀏覽器，並透過虛擬專用網路才能前去。波很欽佩這種設計瀏覽器電腦程式的技能，但他本人並不具備。然而，探索這龐大的全球網路犯罪市場，並且愛上它，就像是對臉書上癮一樣容易。

六十分鐘過去了。

沙曼荼羅。愛恨無常。去還復來。波的腦海中有各種想像的畫面在反覆喧囂著，徘徊在是非黑白之間。

現在，離勒索軟體毀掉他過去五年的辛苦結晶只剩下十分鐘的時間。他打開了美國公司新加坡辦事處寄來的那封電子郵件，再讀一次。這不是個肯定的工作邀約，是不是真的會開缺還是未知數。三分鐘。他又再讀了一遍希望他加入騙局的那位內線交易員的聊天紀錄。

一分鐘。

他闔上筆電，扔進一個塑膠袋，綁起來，用錘子砸爛。把它扔到垃圾桶裡，讓他收集到的這些數據煙消雲散，就像僧侶獻祭他們的作品一樣。

他起草一封信給那位新加坡高級主管，表達他對這個工作機會有很大的興趣。接下來，他做了七十二分鐘之前他想都沒想過的事。

波打電話給他媽媽。

第十五章　鬼魂

維克多・坦能堡（Victor Tanninberg）正在和他的記者朋友共進午餐。現在是二〇一五年十一月上旬，他這一年似乎都還未踏出家門一步。

她有數百個問題要問他，特別是關於即將到來的總統大選。在二〇一五年期中選舉時，她一直在談論關於駭客活動的怪異話題。她想要知道他一直在研究的汽車，以及關於駭客的一般資訊。

「我不是駭客，」他一遍又一遍地堅持：「是的，我有俄羅斯背景，但是我不知道俄羅斯人想要幹嘛——這很荒謬。」

他們在酒吧裡吃漢堡、喝啤酒，他炫耀自己孩子的照片。

最後，他承認，離開家門不是什麼可怕的事，他得到了大多數人所說的「樂趣」，他甚至可能會再出門。

* * *

赫爾辛基今天相當平靜。迪特・賴希林讀完第二遍《龍紋身的女孩》。這本書表面上講的是莉絲・莎蘭德這位身材苗條的憤怒駭客的故事，但書中經常提到在斯堪的納維亞半島吃的各種三明治，主成分就是番茄、起士和雞蛋沙拉。

第一次讀這本書時，他對雞蛋沙拉三明治產生無限的渴望。迪特的妻子看他快讀完第二遍，於是先準備好一大碗雞蛋沙拉。現在，他穿著內衣坐在早餐桌前，一邊吃著碗裡的雞蛋沙拉，一邊看著席格，看他如何在兩千七百多公里外的美國最大分類廣告網站克雷格列表（Craigslist）上釣女人。

他沒想到會看到這一幕。解技，或席格所稱的那個地方，是一個很小的犯罪點，但似乎運作效率很高。

迪特想要知道席格是否會嘗試ATM提款詐騙。起初，迪特肯定他會這麼做，但是席格的破解操作似乎還在起步階段。在看了一堆他跟羅馬尼亞各地女孩調情的對話後，他懷疑席格是否真的有時間放在工作上。

有一件事引起他的注意。席格在那次的機場會面後，立即在他的那台筆電上開設了一個新的銀行帳戶，是在雅尼卡瓦爾卡的外西凡尼亞銀行（Banca Transilvania）分行開的。

他用一位年輕女子的身分來開戶，這似乎是一個被盜的身分，一個名叫芮妮．克魯茲的人，住址在城市的郊區。

這是席格想要經營這個新詐騙手法的唯一線索，然後它消失了。除了在克里格列表上捻花惹草之外，席格仍然積極地進行網路勒索。受害者是誰還不清楚，但是付款（通常在五到六位數的美元左右）一直在增加。

這讓迪特重新評估他這位過去的競爭對手。

長期以來，迪特將他們的關係視為一種旗鼓相當的對立，黑道與白道，簡單的好人迪特和複雜的壞人席格。

這情況正在改變。讀席格的訊息，看他那些舌燦蓮花的辭藻，以及緊緊追求他不認識的女人，這一切不斷在打破他心目中這位冷靜而自信的犯罪首腦的形象。

他曾想像席格是一名強大指揮官，帶領著一支地下軍團，或是按席格的說法，是一群「員工」。但在他現在的重新評估中，迪特將其描繪成一個以做正當生意自居的老闆，試圖美化那些對他們所做壞事的指控以及承擔的風險，讓一切感覺起來沒那麼糟。不過，他在席格的筆電上看到好幾次的對話交流，他感覺這個人開始失去控制，人格正在惡化。

迪特曾經幻想過他可以寫下關於席格犯案手法的一本令人咋舌的白皮書。追蹤犯罪要素這讓他得以詳細了解網路罪犯的運作方式，深入他的思維。

但現在他不太確定自己到底看到了什麼。與許多類型的間諜軟體一樣，迪特所能看到的有限，是一近視者的視野。他只能看到其中的一個拼圖，這不會引領他往任何地方去。

他可以看到席格的一些交易和鍵擊，但是很難將這些連結起來。迪特討厭間諜軟體，就算是那種可以選擇網路攝影機的，能見度也有限。你只能看到一個人（如果是某人電腦上的鏡頭）或一個靜止的空間，看著人們進出建築物。與在小說世界中的莉絲．莎蘭德不同，她似乎可以靠著老舊的諾基亞智慧型手機同時監視每個人、每件事。他自我解嘲一番，然後皺起眉頭。

因為儘管有這些明顯的缺點，他仍然在這裡用間諜軟體觀看席格。他認為，**也許這進入的空間比較私密而不夠實用**。他關上筆電，拿起大湯匙開始挖碗裡的雞蛋沙拉。他將在一週後回來，查看席格是否有開設銀行帳戶的企圖。

通往廚房的樓梯突然傳來一陣騷動，是他的妻子和孩子。兩個女兒，從熟睡到清醒，是天翻地覆的差別。瘋狂，像鬼魂一般的孩子，頭髮永遠亂七八糟。他的妻子又懷孕了，她瞪著他。

「你的嘴角有雞蛋。」

「是那本該死的書。」

「注意你的用語。」

孩子們大聲尖叫著：「該死！該死！該死！」

「對不起。」

她從架子上拿起一個月前的報紙，在沙發上躺下。他接收到這個無聲的訊號。

輪到你看孩子了。

他跪坐下來，手腳都落在地板上。「誰想騎馬？」

孩子們大喊著：「我！我！我！該死！該死！該死！」

* * *

芮妮．克魯茲現在筋疲力盡，懷孕八個月真的累壞了。席格在廚房的桌子旁敲打筆電，她則斜躺在沙發上。

幾天來，他一直吵著她，要她去市中心開一個自己的銀行帳戶。她壓根不明白為什麼要這麼做，這太荒謬了，她認為。他堅持這是給寶寶的。他的論點毫無道理，但她太累了，什麼也沒說，只是禮貌性地拒絕。

她不想冒著碰到熟人的風險進城。她為自己懷孕感到尷尬，這些日子她一直覺得很尷尬，從來不火熱的女孩，現在卻已沸騰。

她開始進入半睡半醒的狀態。在這個白日夢中，她經歷了最棒的生產。無痛分娩中，席格在她身邊支持著。穿著白衣的好心護士，她在房間裡，就是她自己出生的那間。她的母親在寶寶出生後會過來。

「你能不要這麼大聲呼吸嗎？」他說，稍微驚醒了她。她依依不捨地離開夢境，痛苦地盯著牆。她下意識地皺起眉頭，席格嚴禁她在家裡這樣做。他抬頭，「幹嘛對著我皺眉，我跟你說過什麼？為什麼妳不笑一笑？你需要多笑一點。你看起來很老。」

她對他微笑，但他盯著她，看上去很害怕，這在他臉上是一種不尋常的表情。

「怎麼了？」

「看你的腿。」

芮妮低下頭。

到處都是血。她討厭血。

芮妮整個人變得蒼白，像烏雲一樣，然後昏過去。

第十六章　招聘人員

資安工作市場很熱門，而且短時間內不太可能有什麼改變。開缺的職位非常多，但能夠從事這類工作的人卻很少，許多公司預測在未來十年內將會開出數百萬個職缺。全球都將出現這類技能人士的短缺，而且會比美國更嚴重。

資安教育不足，就算有可能教導，也很難讓人學習這領域的經驗，偏偏在這領域的許多職位都需要經驗。

以下的描述僅是勾勒出概況，不過算是相當合理的概括：具有較強技術背景的人才通常很難在企業界中工作。他們可能像維克多．坦能堡一樣，是優秀的程式設計師和傑出的工程師，但受不了辦公室政治、文書工作或朝九晚五的工時要求。有些人討厭穿西裝，其他人不能遵守規則。

具有企業界背景的人通常無法獲得轉型到資安圈所需的那類工作經驗，他們可能擅長管理計畫或領導團隊，但是無法死記硬背從事資安工作所需的知識（例如考取各種證書）。六星期的投資可以讓一般人才轉變為一名出色的資安專業人員。像查理・麥克這樣有才華的人，具有法律學位，又有情報和安檢背景，可以立即學會資安方面的知識。但大多數公司都不願意接受這種風險。

軍方人士具有全面的安全技能，但從高度結構化的政府環境到一切自由的私部門，他們能夠提供的幫助卻很少。一些大公司，例如現在銀行，他們會提供經驗豐富的導師來幫助這些軍方人才了解企業文化。最主要的一課是，與軍方相比，在公司裡越級呈報不是什麼大事，有時這類型的溝通甚至更為可取。

這種指導幫助無數退伍軍人順利過渡到利潤豐厚的資安職業，像是卡洛琳僱用的那些人，他們選擇默默無聞地在現在銀行工作。但是，像鮑伯・雷科夫這樣的軍方強人，由於擔任相當長時間的領導職務，他們一般都不認為自己需要接受這種訓練，因此在尚未察覺之前，就在無意間與組織中大部分的人產生隔閡，疏遠開來。

正如維克多所指出的，目前非常缺乏精通這一切又足夠精明的工程師來完成真正的基本資安工作。優秀人才很快就會受到大型科技公司的追捧，其次是銀行和新創公司，其他類型的公司，例如醫療保健公司和對沖基金，也在急起直追。那些剩下來的產業，經常去找政府。有許多政府資安員工深諳此道，而且忠於他們的使命，但是千萬不要幻想一個好的駭客會心甘情願地一直待在國家安全局，每年領五萬美元的薪水，特別是當他發現去 Google 工作可以賺到四倍薪水時。

另外，也缺少真正具備良好社交工程技能的人。當惡意軟體人員打電話給你，說服你他們是服務處的員工，需要你的用戶名稱和密碼，來防止問題發生，這是社交工程。當有人說他是奈及利亞王子，需要你的幫助時，那也是社交工程。當他們在一家銀行分行以錢騾的名字和身分開立帳戶時，他們正使出社交工程的伎倆，一邊瞇著眼睛一邊微笑，來應付銀行分行的經理。

在二〇一八年對十二名俄羅斯駭客的起訴書中，指控他們滲入民主黨全國委員會，這也是社交工程學：

大約就是在 dcleaks.com 網站啟動的同一時間，即二〇一六年六月八日左右，陰謀人士使用原本就存在社群媒體的虛構名字「愛麗絲．多諾萬」（Alice Donovan），在臉書上開了 DCLeaks 的頁面。除了 DCLeaks 臉書頁面外，陰謀人士還使用虛構的美國人名字，如「傑森．史考特（Jason Scott）」和「理查．金格利

（Richard Gingrey）」等其他社群媒體帳號來推廣 DCLeaks 網站。陰謀人士是透過 POTEMKJN 及其同謀者所管理的電腦登入這些帳號。陰謀人士約莫是在二〇一六年六月八日左右建立推特帳戶 @dcleaks_。陰謀人士在同一台電腦上使用 @dcleaks_ 的推特帳號，進行種種干預二〇一六年美國總統大選的活動。例如，陰謀人士在同一台電腦以另一個推特帳號 @BaltimoreIsWhr 來鼓動美國聽眾「加入我們的快閃行動」，反對柯林頓，並張貼帶有 #Blacks-AgainstHillary 標籤的圖像。

要找到能夠勝任這種工作的人真的很難，因為他們本人通常沒有意識到自己可以做這樣的工作。擁有相關科技學位的幫助不大，倒是那些社交蝴蝶確實可以加入這行列。

這就是為什麼俄羅斯情報人員會網羅罪犯來投入這工作，因為他們擅長這些事情。這些人不是傻子，他們會找到你的弱點。這就是為什麼當波決定改邪歸正後，在新加坡把自己的工作弄得有聲有色，因為與許多其他強大的技術人才不同，他知道攔住計程車和搶救客戶的護照才是成功的關鍵，儘管他不會立即得到回報。

這也是為什麼在醫院醒來的芮妮日後還會為人所僱用的原因。即使目前的她陷入羞恥的迷霧中，還沒有意識到自己的前景。

「前置胎盤，」芮妮說。她的母親抱著嬰兒，一個尚未命名的男孩，「他們這樣叫他。」

問題出在她的子宮內膜，那些膜卡在錯誤的地方，造成一些出血，不得不進行緊急剖腹。寶寶很好，媽媽很好。她很痛苦，但鴉片藥物讓一切好轉。

席格緊張地踱步，在過去的一個小時中，他一直在取悅著芮妮的母親和護士，談論他有多擔心芮妮和寶寶，他的孩子。他似乎很興奮，但芮妮在過去二十四小時內變得明智。

「我好累，」席格說。

芮妮的母親試圖將嬰兒遞給他，但他不想接過去。看他的手機，摳他的指甲。

芮妮的母親拍拍他的背，問他是否想出去買點餅乾吃。他說是的，芮妮非常感謝她的母親在這裡幫忙，並且支開席格。

第十七章　內部威脅

到二〇一六年四月，勒索軟體已變得盛行起來，許多最初發展這類勒索軟體的犯罪組織都在分裂。但是波卻很開心，新加坡的那家金融公司向他提了一份工作合約，他本來擔心做不來，但是這種新型犯罪企業蓬勃發展起來，這意味著他的收件夾裡滿是有趣的工作——他非常擅長的工作。

波正在協助他的公司編寫因應勒索軟體的政策，並將其翻譯成多種語言。就在幾天前，他協助一個部門度過勒索軟體的攻擊。在確認所有遭鎖定的數據都保存在雲端伺服器上後，他們就不用支付贖金。現在，他正在編寫一項提案，建議在出現更大、破壞性更強的勒索軟體浪潮前，將所有資料備份到雲端伺服器。他的老闆很高興，他們的部門甚至可能拿到更多預算。

從亞洲中部一個紅點上的一間枯燥無味的小隔間，到光鮮亮麗的高樓辦公室，波已經遠離了他單調的軍事生涯，他默默地在心中和自己開心擊掌。

＊　＊　＊

在解技，目前沒有一個員工是開心的。所有人都收到其他犯罪集團的招募。席格知道其中一些人計畫單飛，想要自立門戶。席格懷疑，有些人計畫在離開前先竊取他精心推敲出來的詐騙手法，他的智慧財產。

席格試圖為辦公室找新的女人，但沒有奏效。這些傢伙想要芮妮回來，但他告訴他們她不想再見到他們了，她忙著照顧嬰兒，他們對此大為不滿。席格聳聳肩。**女人，你知道的……**

就他最近的搜尋紀錄來看，迪特知道席格擔心他公司內部的人會利用他的犯罪商業機密來牟取暴利。

迪特最近幾週不再注意席格的動靜，他一直在思索勒索軟體上的許多計畫和想法。身為一名研究人員，他有些懶惰，容易分散注意力，但他會鑽研自己最喜歡的一個主題：內部威脅。

讓迪特最著迷的一點是，組織最終無法找出內部威脅其業務的人，這任務不可避免地會失敗，這就像是想要擺脫家裡的老鼠一樣。你認為牠們在那裡，你覺得自己聽到牠們在暗處蠢動的聲響；有時，你會瞥見地板上有一團灰色的東西，飛也似地衝過去。

但是人類比老鼠更難以預測，他們很容易改變主意。他們能夠評估自己的優先順序，並隨心所欲地變動，重新考慮他們的決定，變成完全不同的人。

以愛德華．史諾登（Edward Snowden）為例，他是博茲．艾倫．漢密爾頓（Booz Allen Hamilton）優秀且值得信賴的員工，後來他卻變成名聲敗壞的人物。唯一的差別只是心意的改變，思維方式的轉變，從原本他喜歡的工程師工作，轉變成受政府威脅，再到進入耍流氓的狀態。

出生在布拉德利（Bradley）的切爾西．曼寧（Chelsea Manning）是一名陸軍雇員，有遭人投訴的歷史，也有一些舉止不當的小問題，但不至於遭到懲處，那時她開始受到維基解密（WikiLeaks）線上社群的誘惑，她對這些潛在的線上友誼深信不疑，因此從一名中級員工轉為從事間諜活動。

歷史上這種例子屢見不鮮，許多認真勤奮的人在經歷到某種驚人的啟示後，突然間就成為某一組織的內部威脅，而且是不可逆轉的改變。

席格和他的迷你犯罪組織也是，用谷歌搜索「如何找到內部威脅」。**祝你好運**，迪特心想。他的員工不需要太多理由就可以背叛席格，畢竟，他這批同夥也是罪犯。

芮妮不在乎解技的麻煩，不在乎在辦公室遭到排斥，也不在意她這麼年輕就當媽媽。現在她有了一個叫亨利的小男孩，他很可愛，她正在用母乳餵他。

亨利，她在這聲音中平靜下來，它不是一個前進的道路，而是一個名字。

席格注意到她的忠誠度突然發生變化，這使他變得更不開心，也使他經常離家。他多半都不在家，當他在家的時候，他是一個暴君，一切都可能成為爭吵的原因。不論是一大早、晚餐時，還是她餵母奶時，他都可能對著她大吼大叫。她抱著亨利越緊，他叫得越大聲。他咆哮得越大聲，她便把嬰兒拉得更近。這是一個荒謬的螺旋，必須盡快結束。

她很久沒見其他人了，但這即將改變。儘管席格想盡辦法讓芮妮離開解技的辦公室，他仍然希望她帶孩子過去給大家看看。他們計畫今天過去。

畢竟，亨利真的非常可愛和完美。閃亮的黑髮和淺色的眼睛，「他看起來就像我，你不覺得嗎？」席格說，當他們走到他的BMW時，芮妮直視前方，漂亮的嘴巴抿成一條線。

「抱歉，你說什麼？」她不帶任何語調地說。

席格微笑。

芮妮覺得辦公室看起來和以前不同，他們聞起來不一樣，幾個座位空著，剩下的傢伙瞪著她，跟隨她的一舉一動。她感受到他們的懷疑，但不了解緣由，她也不在乎。她可以承受他們的表情，她不會加入他們在工作場所的戲碼，她對他們沒什麼好解釋的。

席格給她錢去吃午餐，把帳單散在大家面前，好讓他們看出他有多慷慨。席格說，他得去工作，她應該去美國咖啡，買點她想要的東西。他用手臂攬著她，好像捨不得她走，並帶著巨大而堅定的微笑。

「這裡的每個人都很想念你！」他說。

她勉強擠出笑容。

「這些天你很害羞，」他說。

她再次點頭，不說話也不進行眼神交流。她將小亨利從胸前的提籃中取出，像《獅子王》中展示剛出生的辛巴那樣，短暫地舉起來給大家看。他醒了，開始哭鬧。「他要喝奶，」她低聲對席格說。他帶她去女廁，「還是去我的舊辦公室？那裡比較乾淨。」她提議。他催她進去，讓她坐下。關上門，給她五分鐘的隱私，這是受到祝福的時刻。

她將亨利放在乳房上，然後手伸到桌子下面，手指在下面的纖維板上摸。在那裡，就在她記得的地方，一千美元的現金，她把錢塞進胸罩。

她認為，**這是一份禮物**，是過去的芮妮留給她的，是那個在第一次前往解技時將手槍裝在錢包中的芮妮。

第十八章　恐怖分子

這些日子以來，布倫丹・「塔希爾」・傑瑞（Brendan“Tahir”Gerie）喜歡待在新的絲路暗網上，深受那裡所提供的不是很精緻的商品所吸引，例如下面這個：

剛推出，全新的裙底風光。熱情、年輕、緊緻、獨特。凡購買美國零售業信用卡號，免費附贈。

他將鼠標停在按鍵上。他可以使用更多的信用卡號，這價格算是合理。而且，當然，價值比很高。

這符合清真律法嗎？恐怕不會。不過這要看這些女孩，也許她們是穆斯林，如果不知情，或者被騙了，那不是她們的錯。所以，也許他可以看看？他很困惑，去他經常看的

ＩＳＩＳ（伊斯蘭國）資訊板上問。他等了幾分鐘。沒人回答這個急迫的問題。

他禱告，必須要重複四到五次。現在是三月，新加坡很熱，非常熱。

布倫丹回去做他以前的工作。在暗網上找尋可能對ＩＳＩＳ有用的身分。

他再次發帖，這次是在與其他恐怖分子的聊天室中。他在各處購買信用卡。他用 Rootkit 這種可以隱藏惡意程式碼的驅動軟體來進行這項交易，他將這軟體修改了一番，上傳到各種流行的色情網站。任何造訪這些網站的人都會在無意間將惡意軟體下載到他們的電腦上，這類似分散式阻斷服務攻擊（distributed denial-of-service attack，簡稱ＤＤｏＳ攻擊），算是一種小型的殭屍網路攻擊。他不在乎，那些人活該，他有權利毀壞他們的電腦，因為他是純潔的。

這些東西不好，破壞人類心靈，這就是他設計它的原因。Rootkit 是重要的軟體工具，但與ＩＳＩＳ在敘利亞為了打造更好的新文明所用的鏟子和鍬沒有什麼不同。他將用他的工程學學位和他的心，為他的兄弟而戰，**就像獅子之心一樣**。他媽的女人，從來沒有一個女人看重他這樣的特點。

布倫丹來自愛爾蘭戈爾韋（Galway）一處叫做巴利班（Ballybane）的郊區。他在一棟象牙白的公共房舍中長大，那是個單調的灰色世界。他在世界各地行走，設法獲得了一些工程認證，一路上也過著不錯的生活，但他從來沒有賺到足夠的錢來誘使女人對他付出任何心思。

他喜歡新加坡，這裡整潔安靜，他可以不受干擾地開展業務。他使用虛擬私人網路來連上暗網，因為儘管有許多優點，新加坡還是由**思想警察監控**。不過要是有人試圖監視他，只會看到他在一個名為 Fiverr 的自由工作者網站上接案，為商務網站編碼和修復錯誤。他在他的「工作」筆電上進行操作，連接的是當地的網路。但是，在另一台筆電上，訊號是經由虛擬私人網路（VPN）通過位於遠方的基輔的路由器來進出。任何定位他的人，都會以為他是在烏克蘭進行操作。

當地的執法機構其實早就知悉這種手法，不過他也沒有真正造成損害。他交易的資訊無關緊要，但是他們在監看，他們也知道VPN的工作原理。

迪特．賴希林也在看。他喜歡讀塔希爾發布的可笑貼文，因為他目前正在撰寫有關網路恐怖主義的文章。

網路恐怖主義有兩種類型，迪特試圖在一篇文章中區分兩者，但他不確定是否真能完成這篇文章。他想找到兩者間的相似處。

有一類恐怖主義類型讓人聞之色變，他們會展開大規模的全面襲擊，摧毀整個國家的電網或導致核設施過熱。

但是，還有一種更為個人化的類型，即塔希爾所從事的這類，試圖利用一些低階的基本駭客工具，將其轉變成可用於推動自己計謀的東西。當然，有許多不同類型的攻擊都是基於這種理念，不過迪特希望了解的是他們所圖謀的，這樣他才能理解這項行動。

波也會看著像塔希爾這樣的人。由於工作的關係，他獲得進入暗網的許可。隨著ＩＳＩＳ勢力的擴展，支持恐怖主義網路的椅子戰士也激增了。有一堆這樣有趣的人，還有一個讓他造訪這個最新版絲路的正當理由。

＊　＊　＊

儘管網路上有大批像塔希爾這樣的人，但在美國，只有一次成功起訴網路恐怖分子的案例。

阿迪特．費里茲（Ardit Ferizi）是位居住在馬來西亞的科索沃穆斯林，他利用從軍事基地偷來的憑證向ＩＳＩＳ提供刺殺名單。費里茲用的是一種稱為ＳＱＬ（基本類似 sequel 的發音，簡化自ＳＱＬｉ）的簡單攻擊技術，一般是將惡意碼注入到資料庫中將其破壞，在他的例子中則是去讀取資料庫裡面的資訊。費里茲將目標鎖定在軍事基地上的零售商，他不僅竊取到可能居住在海外的政府人員姓名和地址，其中包括那些實際對付ＩＳＩＳ的戰鬥人員，而且還將這份名單提供給恐怖組織的高層。

下面是費里茲與後來遭到美國司法部逮捕的ＩＳＩＳ招募人員榮奈德．海珊（Junaid Hussain）之間的真實對話紀錄：

費里茲：讚美真主，兄弟 :)
等等，我準備一些我收到的東西丟給你。
海珊：哪個網站？兄弟
費里茲：〔公司名稱未提供〕:)
而且我還找到很多
信用卡
空軍
部門的
待會兒給你看
〔公司名稱未提供〕有大約 190K 的用戶
:)

orders.html

海珊：你從哪裡找到這些軍方／政府的貨？

費里茲：在網站上，現在我已經連到那家〔公司名稱未提供〕

費里茲：我還有另外一家有 878K 客戶的店，那是一家軍方商店

:)

資料庫超大的

海珊：你怎麼弄到資料庫的讀取權限？

費里茲：很容易就滲透

海珊：SQLi？

費里茲：sqli 的手機應用程式

然後就取得全部的權限

海珊：masha'Allah（上帝的旨意）

海珊：很好

費里茲：這〔公司名稱未提供〕網站每天有 400/500 張訂單 :)

海珊：但是你怎麼拿到資料庫的登錄資訊

費里茲：滲透再滲透
注入再注入

費里茲犯下這些罪行時只有十九歲，後來被引渡到美國，經審判定罪後判處二十年徒刑。

波一直在關注費里茲的新聞。他已經在他新雇主提供的小公寓安頓好，他的經理完全忽略掉他簡歷中的許多漏洞，給他監視內部威脅的工作，因為他們也找不到其他具備執行這項工作技能的人。他們擁有完善的軟體工具，可幫助他查看公司所有員工的活動。

他就像一位戒菸者，會經常尋找資訊來確認他的決定是否明智。費里茲的案例只是這些參考中的其中一個，一個當你走上歪路的例子，警惕你再次拿起菸時可能發生的下場。

他當然知道這之間的差異，還是有些癮君子可以活到一百歲，這就是為何有時他會在晚上醒來。

當他想到可能會發生怎樣的事時，經常會回想起他的一位前同事——奈特·歐倫（Nat Oren），他是一位以色列駭客，似乎非常完美地體現了這種道德歧義。

事實上，奈特·歐倫可說是以色列這個國家培育出來的。在以色列要成為一位網路安全專家很容易，就像在英國取得英文學位，或是在紐約獲得商業管理學位一樣容易。

在那裡，從中學就開始認真開展網路安全教育，在許多地方甚至更早。人口少、思緒敏捷，有安全意識和企業家精神，幾乎每個人都接受軍事訓練。在許多方面，他們可說是主導著網路空間，就大量證據來看，在駭客世界中，步調緊湊、小型而精明的組織可能在每一天都勝過那些龐大而行動緩慢的。

奈特針對私人的線上恐怖網路進行了詳細研究。他的名下有幾間小型企業股份公司（S-Corps）和有限責任公司（LLC），都是他在二十多歲時創立的。

他還經常在黑市上購買那些重要的非公開資訊，大多數都是其他駭客從律師事務所和銀行偷來的。他利用這些資訊來進行乾淨俐落的一人內幕交易業務。他會謹慎地購買那些類似波過去在暗網上販售的數據。

奈特是波少數保持聯繫的人之一。波希望他永遠不會被抓到，因為這位以色列人與那些對現在銀行發動大規模攻擊的駭客不同，他很滿足於在幾個地方賺個幾百萬美元。奈特更想把重心放在狩獵恐怖分子上。他說他之所以在網路上犯罪，是為了獲得執行這項任務的資金，這是他合理化自己網路罪行的藉口。波不能駁斥他的這種道德觀，畢竟這比他說服自己的理由崇高許多。

不過波還是很開心能夠擺脫那樣的生活。中國、以色列和俄羅斯駭客們紛紛遭到起訴，在在提醒他，要是他還繼續待在這一行，可能會落得怎樣的可怕結局。

波目前不動聲色地和某人約會，一位印度的貿易商，他們非常低調，因為同性關係在新加坡是會受到法律制裁的。這是他目前生活中唯一經常會遊走在法律邊緣的地方。對波來說，這是一種安靜的生活，就是他母親一直想要他過的日子。

他幾乎不再想過自己過去的生活了。那些全都煙消雲散，吹向遙遠的沙漠。

第十九章　長途旅行

對於查理・麥克來說，這是一個難得的夜晚。他一手拿著一大杯蘇格蘭威士忌，一邊在思考《紐約時報》上那篇關於二○一二年恐怖分子襲擊位於利比亞班加西的一處ＣＩＡ基地的報導。

「這是真的嗎？這一篇？」他的同伴舉起 iPhone，充當他的燈光，中城酒吧頓時看起來就像是法律圖書館。

「當然，」他聳聳肩說：「有可能。」

不置可否，只是可能。

「我在事情發生前就離開了。」當他們想要打探更多細節時，他這樣提醒他們。

「你有休息一下嗎？在這兩個工作之間，」他的一位同事問。

「沒有。」啜飲了一口酒。沉默。

多年來，他環遊世界，從事充滿危險的工作。在某種程度上，這是場不可思議的冒險，只會出現在那些特別具有創造力的青年學子的奇想中。他用公費在摩納哥豪賭，二〇一一年政變後，在格達費基地協助拆除槍支。

在網路安全領域，很多人會不斷地跨界，從壞人的這一方走向好人的這一方。有些人則堅持待在一個陣營。查理．麥克，不管他喜歡與否，都一直在好人的時間軸上歷經漫長而艱苦的旅程。

他找出存在自己 iPhone 手機中的照片，他看起來很疲憊，留著鬍子，修了一頭短髮，手上拿著兩把巨大的槍，他說這是格達費被俘時從他手中搶走的。在另一張照片中，一名非洲運動分子贈送一把劍給他，這是某種禮物。查理沒說為什麼獲贈。

「從那裡到這裡，對你來說一定是很大的變動。」他的同事這樣說，想要探聽更多的故事。從北非的陰謀事業轉變到一位銀行律師兼父親，從磨損的帆布衣到高級羊毛料。

查理收起了 iPhone，他的同伴們也把手機放下。喝了一口酒。

「只是覺得是時候發揮我的法律學歷了，」他沒有說他是哈佛畢業的。他不需要。

其中一位同行的夥伴是現在銀行的資深人士，他回想起查理上班的第一天，在介紹查理給一大批網路安全主管時，當說到他之前是在ＣＩＡ工作，氣氛瞬間陷入一陣沉默和緊張。

然後一位主管大喊：

「美國烹飪學院（Culinary Institute of America）？」

那時大家都笑了。現在也是。

有人再次問他到底是什麼時候開始在現在銀行工作的，有人問起軍隊，發生了一些事，但沒人知道是什麼，不過在查理能夠回答之前，他們已經去談論其他事情：梵蒂岡，然後是唐納．川普，然後是鮑伯．雷科夫。

這是因為查理分散了他們的注意力，他深諳此道。每當焦點聚在他身上時，他只要輕輕推動一下，就將其彈開，將鏡頭對準其他人，甚至是不在那裡的人。

例如，雷科夫。

他們談了很多這位高級主管的故事，一些他最沮喪的時刻。他們笑了，聲音很大。

然後，對話的主題又第四度轉向，這次是登上頭條新聞的醜聞：位於明斯克的知名安全軟體製造商阿欽斯克防毒軟體（Achinsk Antivirus）的故事。這家公司獲得高度評價，製作了世界上最受好評的防毒產品之一。

阿欽斯克的軟體安裝在數百萬家公司和數百個政府的伺服器上。許多小型律師事務所、獨立工作者和新興科技公司都使用這家公司提供的免費版本。這公司涉嫌提供俄羅斯政府使用數百個組織的後門程式，阿欽斯克對此一直否認，但此時它比以往更加積極地推動其免費版的軟體。

查理．麥克似乎對此不置可否，但其他成員卻感到震驚。他們一一細數服務過的公司和政府機構有哪些使用阿欽斯克軟體的。他們記得它被深深地嵌入到敏感系統中。他們在得出與所有安全專家相同的冷酷結論時，酒醒了一點，安靜下來，總之：從根本上說，我們早就受制於每一台電腦的每個零件。實際上意味的是，資安這門專業不會是今晚這群三十幾歲的醉漢銀行家可以解決處理的。

查理再次改變了話題。他問起卡洛琳，他真的為此感到難過。自從她離開現在銀行，他再也沒有機會遇見她。

談話繼續進行，他沉默下來。其他人交談時，他拿起《紐約時報》，瞥了一眼關於班加西的文章。

喝一口酒。

* * *

芮妮準備離開解技。席格叫她去美國咖啡館吃三明治，然後搭計程車回家。不照他的路線走可能會有危險，但她只有這次機會。

芮妮下樓梯到咖啡館。亨利心滿意足地睡在她的胸口。她買了兩罐優格和兩瓶水果冰沙。這非常適合火車旅行，也容易攜帶。

她跟櫃員要了兩個袋子，將食物分成兩包。

她走出美國咖啡館，在店門口停了下來。她稍微鬆開背帶上的皮帶，亨利滑動了一下，她抓住他時，把手機掉在地上，摔壞了。「我真是笨手笨腳，」她說。

她走進隔壁的科技產品店，指著牆上的預付卡手機，給收銀員看她壞掉的電話。要是席格發現，這會是合理的託辭。

她叫了計程車，然後回家。她的腦子不斷旋轉著，但只往一個方向旋轉。出口。

* * *

芮妮計畫靠她在大學時獲得的歐盟護照去德國。她知道席格不會去德國，因為他在那裡有些法律糾紛。

在家裡，她把尿布包成一袋，拿出在美國咖啡館買的兩袋食物。一個拿來當她的錢包，另一個則裝食物。尿布袋裡有亨利的四件衣服，還有一件她的。她身上穿著兩套衣服，所以總共三套衣服。她把總共一千美金的鈔票摺疊成捲，放在棉塞盒裡。

芮妮將會餵亨利喝母奶，讓他喝飽、喝累，這樣他在羅馬尼亞的最後時刻都會處於睡夢中。

* * *

席格比預期的早回家，已經醉了。令她驚訝的是，他告訴她晚上還要出去，海參威的投資者在城裡。

他換上體面的衣服。芮妮讓自己在屋子裡忙碌著，一直低著頭。

「對，就這樣，都不看我一眼。」他在出門時喃喃自語，砰地一聲把門甩上。

現在是晚上九點。她知道他整晚都不在。

她把準備好的一切一字排開。她的尿布袋，她的兩個美國咖啡館袋子，她的提包，這就是她所需要的一切。她用預付卡智慧型手機打電話叫當地的計程車，選了一家席格絕對不會叫的，給了鄰居的地址。

她把亨利放到提籃中，蓋上席格的一件夾克，把頭髮梳起來。車子來了，她拿起袋子離開。

* * *

芮妮在黑暗中，越過小柵欄，看起來她好像是從鄰居家來的。

雅尼卡瓦爾卡沒有夜間火車。因此，她要求駕駛將她帶到布加勒斯特，車程是兩小時三十分鐘，費用為一百二十美元。她告訴他，母親病了，很緊急。他問了她幾個問題，她說她很累，想睡覺。他讓她休息，她對此深感謝意。

在布加勒斯特，她買了去布拉格的火車票，她打算從那裡去柏林。她想著，那裡很美麗，有很多大公司。

火車車程二十四小時，她預訂了一個過夜的私人包廂，有一個座位，還有一張可折疊的單人床。票價兩百美元。她擁有比特幣錢包的網址和她的私鑰，一到德國就可以使用，將加密貨幣轉換為歐元可能不是很容易，她想要在火車上解決這個問題。

火車上的 Wi-Fi 訊號很好，她利用她的預付卡電話在愛沙尼亞建立一個商業身分，以便遮蓋自己的名字。她開了一個 PayPal 帳戶。她從解技那群傢伙身上學到所有這一切，當他們無聊時曾討論過要如何處理自己的收入。有一天她會感謝他們的。

她先在 CEX.IO 這個網站上測試轉帳，這公司可以將比特幣套現，轉移到她的 PayPal 帳戶中。她現在第一次看到席格占據了她的大部分財產。她對此並不感到驚訝，讓她驚訝的是，他還留下不少，如果她很節儉的話，可以維持一年。她將剩餘的資金轉移到 PayPal 帳號裡，由於區塊鏈的私密性很高，這項交易是無法追蹤的。

亨利很好帶。他睡覺，醒來，喝奶，睡覺。私人包廂的私密性令人讚嘆。儘管徹夜未眠，但芮妮絲毫沒有感到疲倦、悲傷或恐懼。她的血液充滿腎上腺素，她下巴的疼痛也消失了。

在布加勒斯特凌晨一點的時間，她想像席格跌跌撞撞地回家了。直到清醒才注意到他們不見了。這種情況使她保持優勢。想像一下當他意識到自己不在的那一刻，拿走了錢，並永久離開了他。

他會來追她嗎？

她不這麼認為，席格看重控制勝過一切。如果他知道她不再受他的影響，他將會失去對她的興趣。

這是她所希望的。

第二十章　原因

「瓦勒利．羅曼諾夫？不認識。你說他在監獄裡？」

記者問：「我想知道你是否聽說過他。」

維克多．坦能堡笑著說：「為什麼我會聽到他的消息？我再說最後一次，我不是駭客！」

他的記者朋友坐在他這間小房子裡的床角上，但這純粹是因為沒有其他地方可以坐。在他住的地方，每一寸空間都覆蓋著電腦零件、電線和工具。後方傳來《福克斯新聞》的聲音。

「那麼，讓我們回到最初的問題，因為我正在寫一篇報導。我們可以從遠端關掉汽車的製動器？把輪胎放氣？還是踩油門？每個人都說有可能做的，但沒人能證明這一點。」

維克多坐在房間的黑暗角落裡，旁邊是一隻叫山姆的胖兔子，他倆都喜歡待在空調附近。

「我為什麼要去弄剎車這樣的事？」他問：「這樣我只會失去客戶。」

「我不是問你是否願意。我問是否有可能。」

「我為什麼要讓自己處於這種風險之中？」

他在房間裡打手勢。這位名叫法蘭西絲的記者以為他說的是這一大堆電腦，「然後放棄所有這些？」

他的電腦不是一般消費者可能會想到的「電腦」，它們是控制每台汽車引擎的電腦。每一台看上去像是一本小而厚的教科書，因此，有些甚至像書本一樣放在書架上。其餘的則從抽屜中爆出來，堆在沙發上。

他不喜歡記者將他稱為駭客，他可是擁有弦論的博士學位，他想提醒她。

記者之前有麻煩，於是他賣給她一台他改造過的汽車。一台九九年的雪佛蘭房車（Chevrolet Lumina），外表坑坑疤疤看起來像是被高爾夫球桿敲過，但開起來就跟保時捷沒兩樣。

記者想與他談談他的生意，維克多卻一直把話題轉到唐納・川普身上。這個來自皇后區的男人讓維克多著迷不已。他在筆電上向記者顯示了一張詳細的地圖，詳細顯示出川普將如何贏得大選。她跟他說他瘋了，這是絕對不可能的。她說，他甚至贏不了初選。

他很生氣。堅持川普將拿下密西根、佛羅里達、俄亥俄和賓州。

「你會看到的。」

她笑了。

記者大老遠跑來紐澤西，主要是想要弄清楚是否有可能進行汽車暗殺，這是她多年來最常被問到的一個假設性問題。這聽起來很有可能付諸實行，但迄今為止都只是理論，而從軍事將領、網路安全公關人員到各種具有反社會人格的高級主管，全都希望這是真的。它將是末日型網路文學作品集中的大宗，可放在「網路版的偷襲珍珠港」或是「網路版的九一一」這類標題下。

這是個大謊言，她想。這個謊言沸沸揚揚鬧了三十年，幾乎沒有任何跡象顯示這有實現的可能性。全是騙人的。一個謊言王國。

每個人都想嚇唬他們的老闆，達到最大的成效。更多的恐懼就等於更多的預算，所以他們真正在做的，只是危言聳聽地火上加油，讓老闆更恐懼。無論如何，記者今天就是想得到一個答案。有證據顯示，推測會有這樣可怕的網路威脅是合理的。倘若真是如此，那也需要一個如何執行的解釋。

「聽起來像是陰謀論的開端，」維克多說，臉上露出苦澀的笑容。「外交官A去世了。外交官A的支持者說，他是被一個與政客B有關的不知名人士所暗殺。陰謀論一直存在，讓所有人受益。」他點燃一根菸，一根議會牌長菸。「是的，這是可以做到的。但是有誰會去做這樣的事呢？」

記者瞬間聚精會神起來。「好的，哇！但是要怎麼做？」

他瞇著眼睛，僅剩下一個小小的裂縫，看著她，「太難解釋了。」

「我是認真的，所以你就這樣駭進去，就像調整——我不知道——燃料幫浦的輸出一樣……」

「你不知道你自己在說什麼。」

「確實狗屁不通。那解釋給我聽，讓我理解。」

「你也想讓我解釋弦論給你聽嗎？也許在午餐之前？你根本無法了解這一點。這甚至不是我的領域，連邊都沾不上。得了解整個汽車網路的複雜性，確實存在這樣的人，但是這些可不是網路上的那群白痴，中情局、俄羅斯情報員或摩薩德，這非常複雜。可能把外交官吊在鯊魚池上還比較容易些。」

記者沒有回答，希望他能繼續說下去。維克多不發一語。

她試圖用更多的問題來填補這份沉默。「但是不能透過遠距操作嗎？在汽車經過時？」

他臉沉下來——氣炸了。整個人快崩潰，垂下頭來，肩膀也捲縮起來，摩擦著兩眼間的眉心。她提醒他，有很多人寫了關於民生消費品會威脅到我們生命的文章，只要將其連接到網路上，就可能為恐怖分子利用，用來對付我們。

「這不關我的事。你幹嘛這麼擔心汽車？我比較擔心電網。」但是他只輕輕拍了拍他的兔子，然後將注意力轉向福斯電視台正在播放的川普在勞德代爾堡的造勢大會。

「你看這男人，他是禽獸。」他笑著說：「他會贏，你等著看。」

* * *

記者從這些對話中學到了一件事，若是背後沒有一個讓人深感痛苦的理由，確實不會發生重大的網路攻擊事件。人做一件事是需要理由的，而駭客也是人。金錢是最常見的理由，再來是對國家的忠心（例如俄羅斯情報局），或是為了成就某種大事業的忠誠，例如艾茲丁卡薩姆網路戰士。

如果原因不是金錢，也不是對某種派系的認同，那可能只是出於好奇，或是同樣難以預測的東西。也有像迪特這樣的人，設法把自己的好奇心轉變成一種職業，但是到這種程度，動機就變成了金錢——至少是自己喜歡的方式謀生。

維克多其實傳達出一個重要的觀點：長期以來，我們對駭客可能造成破壞的擔憂也許是毫無意義，而且隱晦難解。為什麼會有人大費周章地想要駭進一個人的心率調整器？為什麼會有一個國家願意冒著大動干戈的風險來破壞我們的電網？

維克多知道，我們不應該關注那些華麗的陰謀和大爆炸，而是這二十年來緩慢上升的安全問題浪潮。隨著時間過去，它們一點一點地侵蝕，這絕對會改變一切。過去數十年來緩慢侵蝕我們的基礎設施、水壩和電網以及無線網路（wireless fidelity 也就是 Wi-Fi 的縮寫）。

第二十一章　西班牙人

這些日子，迪特喝的咖啡是以加侖來計算的。席格的生活變成一齣肥皂劇實境秀。他對自己的偷窺行徑感到羞恥，但還是欲罷不能。

現在是二〇一六年的夏天，俄羅斯人使出各種瘋狂手法來左右美國選情。這對在赫爾辛基躺在躺椅上觀察這一切的迪特來說，簡直如坐雲霄飛車。

他媽的爛密碼，要進入一個美國政黨的網站也太容易了吧！他思忖道。即使不是技術人員也沒問題。

接著出現漫天的怨恨、社交媒體的自滿情緒、對技術隱私的完全忽視，種族問題，這全是優秀的社交工程師能夠盡情發揮的材料。迪特推想，這場大選將會是一激烈的狂歡混戰，但他相信川普最終無法獲勝。

迪特想要為他偶爾撰稿的一本挪威雜誌寫一個新主題。他想從之前造成一百多人死傷的安德斯·貝林·布雷維克（Andres Behring Breivik）恐怖襲擊事件開始談起，不過會將角度切到網路恐怖主義，談論透過網路手段發生下一次大規模攻擊的可能性。他不知道從哪裡開始下筆，主要是因為網路恐攻似乎不太可能付諸實行，但這想法很吸引人，他想要寫些東西出來。

所以，他打開監視席格的視窗，先打發一些時間，但發現了一些怪事。非常有趣的事，是從昨天凌晨開始的，在羅馬尼亞時區的話應該更早。

席格一直在利用跟蹤服務來定位一台手機和電腦，看不出來這兩樣東西到底是不是他的，但迪特立即對此感到興趣。兩者的位置最後都到雅尼卡瓦爾卡，然後是毫無動靜的一小時。

然後，席格嘗試登錄到一個比特幣錢包，餘額為零。又是沉默的一小時。

然後是一場混亂。二十封電子郵件，一些是檢查業務交易，其他則是在分類廣告網站招募新的女人，一些寂寞心事。席格在上午八點之前就已經使出渾身解數，超越他平常發揮的魅力。

然後，席格開了一個新的電子郵件帳號：HRH13023@romamail.ro。接著，發了一封電子郵件到迪特從未見過的一個電子郵件信箱，這讓他坐了下來，全神貫注地看著。

R.Kreutz@ram.college.ro

我不知道你在哪裡，但請你原諒我。我不知道你為什麼會離開，但是我非常擔心你和親愛的亨利。你們倆是我的一切。我沒有生氣，我愛你。請回來，一切都會恢復原狀。

迪特向後靠在椅背上。芮妮．克魯茲，寶貝亨利，至少確實有些意想不到的變化。

他想了一會兒，走去冰箱，拿出番茄三明治，還好昨天晚上的雞蛋沙拉還剩一些。他放了一些在三明治上，堆成一座小山。又喝了一杯咖啡，然後回到「席格秀」現場。

接下來，席格又開了另一個新的電子郵件帳號：Romanian991@romamail.ro。他以這個帳號發送電子郵件，似乎是傳給分類網站上另一顆孤獨的心。

得知你二〇一一年在馬拉喀什遭遇的事，我感到非常難過。從現在開始你可以寄信到我真正的電子郵件信箱。我有一個好朋友，他是俄羅斯人，他也在同一場爆炸中受傷，你能相信嗎？我知道你是穆斯林，可能不會對像我這樣非穆斯林的男人感興趣。但是你真的好漂亮、好純潔、好神聖。過去的一個禮拜，除了你，我什麼也沒想。難以工作，甚至難以清楚地思考。我想我朋友之所以在那裡受傷，而你也受傷了，就是上帝想要讓我們團結在一起的證明。上帝或真主，或是任何一個時刻我們想到的神。

我知道有人可以幫你在這裡拿到護照，之前我提過，我有一家成功的公司，而且正在找祕書。但更重要的是，我在尋找一個伴侶，一個願意與我共享大房子、一起花錢的伴侶。一個我可以愛，也會愛我的人。我的生活曾經也很艱苦，但這些經驗讓像這樣的時刻更加美好。我在愛情中一直不走運，我的前妻騙了我，她從我身上騙走很多錢。但是我希望有一個像你這樣純潔的人，能祝福我的生活，讓我改變對愛情的觀點。

這真的好詭異，迪特不太了解現在到底演的是哪齣戲碼。「你把雞蛋沙拉堆在那上面嗎？」他妻子的聲音切斷了他的間諜活動。「不應該是這樣的，麥可．布隆維斯特絕對不會那樣做。」她講的是那位在《龍紋身的女孩》裡面的那位中年男主角。

「布隆維斯特？不，不，不，我是莉絲．莎蘭德！」迪特收了小腹，想要模仿小說中苗條的年輕女主角莉絲，她是位非凡的駭客。

「你連一個紙袋都駭不進去，而且你變得這麼胖。」

迪特微笑著，意識到這樣尖銳的挖苦預告著晚間的性事。這算是給這氣氛詭異的早晨增添另一種趣味。

「好吧，」他說，思索了一番：「你是會計師，你甚至不在故事裡。」

他的妻子向後甩頭，忍住不笑，怕吵起寶寶。

「讀這個，」他說。

她讀了。他之前與她分享了許多「席格秀」的片段，但她表示反對。她再喝一口咖啡，不屑地皺起眉頭。

「典型的手法。如果她的護照有問題，她會很危險。他讓她捲入了他的非法行為，然後用嬰兒將她綁住，那是恐怖主義，國內型的。想像一下他還會覺得自己有資格做出什麼事？」

她起床了，一個孩子正在呼喚她。她走開時，朝他的方向甩動了一下近白的頭髮。

迪特很滿意。他腦中浮現一個答案，他有了那篇文章的主題。而且今晚可以和妻子做愛。

* * *

直到抵達慕尼黑芮妮才睡，他們在匈牙利停了一次。她從未去過那裡，一直很想去看看。她相信，但不能確定，她在這裡也有家人。

她在各處尋找席格的蹤影，但是都沒找到。他發了一封短信到她的電子郵件信箱，她沒理會。

到慕尼黑時，又是晚上。他們已經旅行了二十四小時。亨利在他的提籃中很活潑，嘰嘰喳喳個不停。這裡的天氣要冷得多，所以她用剩餘的現金給他買了頂帽子。她曾有過找一家旅館的念頭，但另一個聲音告訴她要繼續前進。她不喜歡這裡的天氣，人們看起來太拘束了。她覺得他們可以看得出來自己是個罪犯。她看了從慕尼黑出發的下一班火車，終點站是西班牙的馬拉加（Malaga）。

那裡可能比較暖和，她會講一點西班牙語。她知道，那裡靠近直布羅陀，避稅天堂，所以可能有些罪犯聚在那裡。她開始懷疑自己是否只有在罪犯身邊時會覺得比較舒服。

她試著用德語問票務員，這個時候馬拉加的天氣如何，結果票務用英語回答她。「哦！我相信明天將會是攝氏二十一度，晴天。」

就是馬拉加了。

第二十二章　專案經理

芮妮在馬拉加找到了一間單房閣樓公寓，雖然不大，但有一個漂亮的陽台，上面種著鮮花，還可欣賞日落美景。這棟房子是一個穆斯林人家的，他們忙著照顧自己的孩子，沒時間留意她和亨利。

她開始找工作。她一次提領一點比特幣，她獨自一人，不和任何人說話。

不過，太陽開始一點點融化她。到二〇一六年九月，她稍微放開一點。她更常出門，開始認識附近人家，甚至把亨利帶去海灘。工作很難找，西班牙正處於衰退期。但是如果真的別無選擇的話，她還是有足夠的錢過一年。

屋主夫婦諾拉和穆罕默德經常放一些飯菜、餅乾在門邊。在齋月期間，還招待她烤肉串、沙拉和湯。有一天他們剛好碰面，她請他們到陽台上聊天。

他們問她為什麼來西班牙，她告訴他們，她是來這裡晒太陽和享受好天氣的，她和亨利在布加勒斯特因過敏和感冒病倒了，她需要轉換環境。她希望能完成在家鄉就開始的大學學業，希望能盡快找到工作，技術產業的。她告訴他們，她有背景，不過是支持服務，她不是技術專家。

「是哪家公司？」穆罕默德問。

她猶豫了一下，並不想跟任何人透露，但卻緊張地脫口而出，「解技。」

「從沒聽說過，」她感到有些放鬆。「那是什麼樣的公司？」

「勒索軟體，問題緩解。」她說，喝了口水。「老實說，我主要是作客戶服務。」

「有做過任何計畫管理嗎？我的兄弟在英賽特（Insite）工作——你聽過嗎？他們在這裡有設技術辦公室。」

芮妮聽說過。位於矽谷，是世界上最大的技術公司之一。

「我想我認識那裡的一個人，」芮妮說道，馬拉加的微風讓她有點鬆懈。「但是那是很久以前的事了。」

「好吧，如果你整理出一份簡歷，我幫你寄給他。他們很需要專案經理，還有勒索軟體的事——我相信他們會感興趣的。那是媽媽們工作的好地方——他們愛女人！」

諾拉斜眼瞪了她丈夫一下，用手示意他別鬧了。

自三月分那封電子郵件之後，芮妮再也沒有收到席格的消息。她點點頭，微笑。「我會的，我馬上就做。」

卡洛琳・張、查理・麥克、鮑伯・雷科夫和「酷愛人」喬伊和仍在新加坡的卡爾・拉米雷斯以及也在新加坡的周波林，維克多的記者朋友還有其他曾待過現在銀行網路安全部門工作的所有人，全都在追蹤關於威尼斯駭客的消息，讀遍一切最新資訊，而現在起訴書公開了。

聯邦調查局一直沒有透露案件調查的進展，沒有與任何人談論到底發生了什麼事情。然後，突然間，起訴書出現了。兩名以色列人尤瓦爾・戴夫（Yuval Dev）和伊凡・米薩拉奇（Ivan Misrachi）；一名俄羅斯以色列人李奧尼德・克拉維茲（Leonid Kravitz）；還有一個名叫東尼・貝爾維德瑞（Tony Belvedere）的洗錢者。

起訴書中指稱，他們將竊取的資訊用來進行「拉高倒貨」的股票詐騙。對大多數關注此案的人來說，這是他們頭一次看到所有細節集中起來的樣貌，即使他們本身都與這起事件密切相關。

二〇一六年十二月，逮捕了兩名這起陰謀的嫌犯。在起訴書中概述了同時遭到駭入的多家其他銀行、軟體公司和報社。這批犯罪者有高達一億個名字可以用。

主嫌戴夫利用這些資訊與他的客戶聯繫，並試著出售某些股票，以操縱證券市場。這手法完全超出卡洛琳和她的同事在二〇一四年夏天對抗的那起簡單的網路犯罪。

約莫是在二〇〇七年至二〇一五年七月間，戴夫在美國和國外都開設並經營非法賭博網路業務；擁有並運營跨國支付處理器，專門提供給非法藥物供應商、假冒和惡意軟體經銷商以及非法的網路賭場；並控制一家位於美國的非法比特幣交易所Coin.mx，其交易違反了聯邦反洗錢法規。

戴夫靠這種方式賺了數億美元。他至少以七十五家空殼公司在瑞士銀行和全球其他地方的經紀帳戶中藏了一億美元。他甚至將其中的一些存入了資產管理帳戶，也許還包括現在銀行。戴夫和他的共犯用了兩百種不同的別名，三十份來自十六個不同國家的假護照。

政府說，戴夫吹噓自己的功績：「我們以非常便宜的價格購買股票，然後推動這項陰謀，然後跟他們一起玩。在美國買股票——就像在俄羅斯喝醉人的伏特加一樣。」

戴夫會致電給他們竊取到個人資訊的人，加以行騙。就像波一樣，戴夫會謊報資訊來源，聲稱這是從公開的「投資者資料庫」中查到的資訊。

戴夫在電子郵件中，討論到這騙局沒有什麼遭到法律制裁的風險。就像在他之前的瓦勒利・羅曼諾夫一樣，他只有在有具體理由的時候才會擔心執法當局。

「在以色列，你們好像不太擔心美國政府，這是因為即使出了狀況，美方也拿你們沒輒？」負責洗錢的貝爾維德瑞在一次對話中這樣問他，戴夫回答：

「在以色列，沒什麼好怕的。」

然後，他們又陰謀策劃了另一種方案——內部交易，這是另一種操縱市場的形式。

「現在銀行的高層管理人員，有在他們的電子郵件中找到什麼有趣的資訊嗎？關於股市方面的？畢竟這是一家大公司。也許他們有一些祕密。你覺得呢？」李奧尼德・克拉維茲問。

「是的，這是一個很棒的主意，」戴夫回答說：「我們需要考慮如何進行。」

第二十三章　記者

波不斷地彈舌。十年前在上海一次會議上結識的一位記者問他有關戴夫起訴書的問題。

他不知道經過這麼長的時間她是怎麼與他保持聯繫的，但他確實知道她問錯人了。她讀了司法部的那些名單和聲明，她想知道他的想法。

「這些人真可怕，」他說：「聽著，你有認識 Google 的人嗎？我真的很想跟那裡有些聯繫。」

她說：「如果我在 Google 有人脈，我現在就不用做這工作了。」

「我真的無能為力，」波說：「抱歉。我不認識有誰曾經參與過這樣的騙局。我對內部交易一無所知。不，不，我幫不上忙，抱歉。」

他掛上電話。等他工作結束後，他會和她談更多。波現在生活在一個彩色世界中，特別是紅色（Red）、黃色（Amber）和綠色（Green）。RAG狀態用來表示一個計畫進行得如何，是每個專案經理必須要一直注意的代碼，紅色是糟糕，黃色是有點糟，而綠色是很好。

而現在他有一項計畫處於紅色狀態，他工作地方的對沖基金需要清理。明天是他媽媽的生日，他想在商店關門前去給她買張卡片。現在他的正式頭銜是專案經理，他的計畫是內部威脅，他的工作是去處理這些。

並且設法解決當中的問題。

* * *

迪特並沒有失去席格的行蹤，但他的活動變得有點乏味，而且有些傷感。席格的業務似乎在瓦解。和馬拉喀什的那個女孩一直沒什麼進展。

出乎意料的是，席格突然失去追求女性的興趣。現在他與其他罪犯通訊，想要展開加密採礦的計畫。

加密採礦要使用或竊取電腦產生的能量，這是比特幣這類加密貨幣的基礎。要大規模地進行計畫，得在他人電腦上安裝一種相對良性的惡意軟體。這不涉及到電話、人際接觸，是罪犯在睡覺時都能產生的被動收入。

被動式攻擊，很適合席格。迪特心想。

迪特那篇關於恐怖主義的文章始終沒有刊登出來。雜誌編輯認為在探討網路恐怖分子翌日有資格展開恐攻的一再反覆的主題上，他的觀點太過「鬆散」。

他透過專業網路將這文章發送給認識的記者，徵求她的意見。她很久之後才回他。粗魯地表示她的報紙不接受投稿。

她稍後打電話跟他道歉，說她還有其他問題要問他，是關於羅馬尼亞和勒索軟體。

他不太信任記者，權衡是否要和她說話。至於席格，他不認為他還會再見到他。

他銷毀了他安裝在席格電腦上的惡意軟體，讓這位表弟煙消雲散而去。

* * *

收手。席格只想收手。被動收入比主動收入要好。比特幣可能很快就會飆升，他有很多，而且他想要更多。

麥凱爾．岡瑟是解技的第一位員工，也是最後一位，其他人都離開了。他們當中有些人想知道芮妮發生了什麼事，席格告訴他們，她和另一個男人跑了，賤人。有一個人還明目張膽地說他懷疑席格殺了她，然後他們都慢慢地消失了，轉到其他企業。至於是犯罪組織還是合法的，沒人知道。

加密採礦，一切都是被動的，麥凱爾示範給他看要如何感染遠方的電腦。像控制殭屍網路一樣來操作它們，只是他們唯一會做的，就是利用這些電腦來產生更多創造加密貨幣所需的能量。每天都有新類型。如果他們利用的是整個資料庫，例如在英賽特（Insite）於波蘭設置的大數據中心，那他們就會變得很有錢。

若是他們可以操作其中的一些電力，他們就會得到源源不絕的比特幣，像多瑙河湧入的河水一樣。

* * *

芮妮看了穆罕默德傳給她的專案經理職缺描述，這當中充滿了難以理解的行話和術語。有一大堆關於雲端伺服器和紅黃綠狀態的東西，以及其他企業專案主管採行的協議內容。**必須要有PMP或相關證書**，這是專案經理通常要有的證書，但是芮妮沒有。**絕對必須要具備CISSP或CERM**，這些都是網路安全認證，芮妮也沒有。

必須懂得 Python，這是一種電腦編碼語言，芮妮一竅不通。

她覺得自己毫無指望了。然後最後一個要點帶給了她一絲希望：

必須是 PowerPoint 忍者。

亨利在嬰兒車裡睡覺。這就是她每天晚上讓他安靜下來的方式。她用兩隻手打字，用腳將嬰兒車前後推動。

她瞥了他一眼，做出一個小小的空手道的披斬動作。忍者。

她把乏善可陳的簡歷，填滿了空洞和半真半假的事蹟，然後製作成一份 PowerPoint。在每一頁間，她用了許多圖表和轉換，添加了細微但獨特的陰影和顏色，她增強了圖形，達到最佳的可讀性。她將這檔案傳送給徵才說明的招聘人員和主管。

第二天，招聘人員給她打電話，說她沒有足夠的工作經驗。

五分鐘後，負責招聘的主管也給她打了電話。

「聽著，你可以一直做出類似這樣的 PowerPoint 簡報檔嗎？太神奇了！這是你擅長的嗎？」

芮妮微笑。從他的聲音聽來，她知道她贏得了他的認同。這立即讓她回到了過去，她肯定地回答，稍微帶過她在處理勒索軟體方面的經驗。

「這很有趣，目前我們還沒遇到什麼勒索軟體方面的大問題。」

「哦，真的嗎？」

「不過我們是要找個專案經理來處理問題。從計畫管理的角度來看，我們確定，有必要為勒索軟體制定災難復原計畫，我敢肯定，這是你可以發揮所長的地方。」

「我絕對可以做到，先生。」

「很好，那我打電話給招聘人員並通知他們。抱歉，他們想的並不總是和我們一樣。」

幾個月後，芮妮把她的新工作做得有聲有色，她的經理甚至要送她去紐約參加會議。亨利將會與穆罕默德、諾拉及他們的孩子一起住兩天，這是他們第一次分開。她的經理警告她，會議上也有記者參加，因此與人交談時應格外小心。她回答說，她總是很小心。

二〇一七年五月，馬拉加很熱，但也是很棒的時節。這週日是美國的母親節，芮妮幫她自己和亨利弄了一小塊蛋糕來慶祝。

但是，在那個星期六，一個名叫「想哭」（WannaCry）的勒索軟體在全球展開攻擊，傷害了所有遭到感染的電腦。

包括英賽特。

當芮妮被相關攻擊的圖像和電子郵件淹沒時，她看到了一些截圖，這些截圖與「想哭」無關，但它們讓她想到過去那段人生的一些橋段。她鎮定下來。

這次的攻擊事件產生相當聳動的後果。英國救護車當街停下，歐洲各地的辦公室關閉，還有讓美國安全人員感到恐慌的照片四處流傳，現在全世界每個人都知道勒索軟體是什麼，但這種攻擊與解技所做的完全不一樣。

儘管如此，這些條件正是讓勒索軟體專家閃耀的機會，芮妮也得以一展身手，她當然大放異彩。

* * *

皇后區天氣酷熱，是揭開悶熱母親節的序幕。維克多現正痛得亂七八糟，他的胃腸病發作。

他上禮拜的時間全都用在與醫師爭辯要如何處理他的腸胃治療上。他對胃腸道問題進行了深入研究，他說，他的醫師是個白痴，完全受到醫療保健公司的宰制，只看得見公司偏好的療程。

儘管他想回家，但他還是得到皇后區來，幫記者修車。她從前同事卡洛琳那裡收到了一則簡訊，提到「想哭」勒索軟體的攻擊，這吸引了她的注意力。

他的一隻手拿著一罐冷卻劑，另一隻手拿著冰茶。記者正在做義大利麵，今天是母親節。

「我要寫一本關於駭客的書，」她說：「我想把你放進去。你覺得如何？」

「我不是他媽的駭客，我們已經討論過這一點。」

「你說你也不是汽車工人，但是你在這裡，修理我的車。」她說，微笑著。

「我對這也感到厭倦。」他笑著說。

維克多最鄙視的職業就是新聞業，他們兩個在過去一個小時裡一直在爭論選舉。現正爆發了某種形式的勒索軟體攻擊，她說她可能得提早結束這次會面。

他告訴她：「我不想被寫在任何書裡。」

「但要是我提到你時，該怎麼稱呼你呢？」

他毫不猶豫地說。

「維克多・坦能堡。」

結語　我們沒有開火

我坐在《華爾街日報》的辦公桌前，準備列印出自己的辭職信，這時我決定改以電子郵件發送，這樣比較容易，也比較有效率。

按下發送，我很傷心，這是一份夢寐以求的工作，結合我在這領域的經驗和寫作能力，報導駭客新聞，提供深入的見解和細節。

但就是進展不順利。

我檢查我的語音信箱。有十通留言，前七個來自PR專家，提供在陰險的暗網上的發現。

「你可能聽說過勒索軟體，」其中一位這樣開始。我刪除了。

然後第八則。這是一位自閉的比利．喬（Billy Joel）的狂熱歌迷，我許多怪消息都是從他那裡得來的，他不知從哪裡聽來我工作上有麻煩。安東尼，他是少數我僅知道網名的消息提供者。

為了給我加油，他花了不少時間改寫並親自唱出比利・喬的那首「我們並沒有開火」的高科技版。

實在不好聽，不過真的有點用。對於電腦愛好者來說，安東尼的嗓子出奇的好：

NBS, John Curtiss, Math Lab, New Census
Lanczos, Krylov, Hestenes and Steiefel
SEAC, UNIVAC, FBI and Fingerprints
Brooks Act, MAGIC Facts, Churchill Eisenhart
FIPS 1, CST, Railroad Club at MIT
Vote Counts, Jargon File, Linux Kernel One,
Bill Joy, Larry Wall, Linus, Guido Van Rossum
Captain Crunch, Ma Bell, Twenty-Six Hundred
We didn’t start the fire
It was always burning, since the world’s been turning

國家標準局、約翰・柯提斯、數學實驗室、新人口普查
藍佐斯、克雷洛夫、赫斯騰司和史蒂菲爾
標準東部自動電腦、UNIVAC資料庫、FBI與指紋
布魯克斯法案、MAGIC終端機的事實、丘吉爾・艾森哈特
聯邦資訊處理標準、電腦科學與技術實驗室、麻省理工的鐵路俱樂部
電子投票、術語文件、林納斯內核
比爾・喬伊、賴瑞・沃爾、林納斯、吉多・范羅蘇姆
嘎吱隊長、貝爾大媽、二六〇〇
我們沒有開火
自從世界出現以來，它一直在燃燒
（歌詞完整說明，請參見附錄B）

歌詞以這樣的形式重複了幾段。安東尼仔細研究了嘎吱隊長、布穀鳥蛋、莫瑞斯蠕蟲（Morris worm），溫・施瓦陶（Winn Schwartau）以及網路版珍珠港事件、震網病毒（Stuxnet）、磁碟清除病毒（Shamoon）、勒索軟體、易速傳真（Equifax）的歷史。

這首歌最後以擾亂二〇一六年總統大選而遭起訴的十二名俄羅斯人作終。

現在正是提醒我們知識之海有多麼廣大的好時機，也提醒我們資安全領域變得多麼令人難以置信。置身其中的我是如此微不足道，我應該不用太執著在工作上出現的臨時問題。

在進入新聞業後，我曾想回到資安領域，但後來我卻接了財經新聞台（CNBC）的工作。我不知道會發生什麼，股市對我來說有點陌生。當我只想坐在後台的某處與其他宅男宅女交換故事時，為什麼我要做這樣的工作？

我的手機嗡嗡作響。我收到一位署名「布加勒斯特兔子」的加密訊息。目前先透露到這裡就足夠了。

我想之後還有更多故事可以講。

附錄A 網路安全術語表

根據美國國土安全部（Department of Homeland Security）「網路資訊安全職業與研究國家計畫」（National Initiative for Cybersecurity Careers and Studies）改編以配合本書寫作之目的。

對手或敵手／adversary

進行或有意進行有害活動的個人、團體、組織或政府。

網閘或空氣縫隙隔離／air gap

讓系統與其他系統或網路產生物理區隔或隔離（動詞）；系統與其他系統或網路的物理隔離或隔離（名詞）。

警報／alert

偵測到一組織的資訊系統受到特定攻擊或鎖定時所發布的通知。

防毒軟體／antivirus software

監測電腦或網路的一套程式，偵測或識別主要類型的惡意碼，並防止或阻斷惡意軟體攻擊事件，有時是透過刪除或中和惡意碼來進行。

資產／asset

具有價值的人、結構、設施或材料。也包含數位資訊、紀錄和資源，或抽象的過程、關係和聲譽。任何有助於成功的事物，例如組織使命；資產是有價值的事物或能夠賦予價值的特性。

攻擊／attack

試圖獲得對系統服務、資源或資訊的未授權讀取權限，或者試圖損害系統完整性的作為。試圖躲過一資訊系統的一個或多個資安服務或控制的故意行為。

認證／authentication

驗證身分或其他實體（用戶、過程或設備）之屬性的過程。

也指驗證數據來源和完整性的過程。

黑名單／blacklist

一份阻止或拒絕特權或讀取的實體列表。

機器人／bot

透過遠端管理員的命令和控制來執行惡意碼，祕密地或暗中地破壞有連接網路的電腦。

大量受到感染的電腦亦稱為殭屍網路。

殭屍網路／botnet

受到惡意碼破壞並受到網路控制的一群電腦的集合。

程式錯誤／bug

資訊系統或設備中意外的但相對較小的缺陷、故障、錯誤或不完善之處。

雲端運算／cloud computing

一種能夠依需求來讀取網路上共享的可配置運算功能或資源（例如，網路、伺服器、儲存體、應用程式和服務）的作業模式，可以透過最少的管理，或是與服務提供商最少的交流，來進行快速配置和釋放。

關鍵基礎設施／critical infrastructure

對一組織或民族國家至關重要的系統和資產，可以是實體存在的，或是虛擬的，一旦功能喪失或遭到破壞可能會對保安、經濟、公共衛生或安全性、環境或這些問題的任何組合產生不利影響。

密碼學／cryptography

使用數學技術提供安全服務，例如機密性、數據完整性、實體身分驗證和數據源身分驗證。這是一門將文本轉換為加密文，再將加密文恢復到原文文本的原理、手段和方法的技術和科學。

網路基礎設施／cyberinfrastructure

任何電子資訊和通訊系統及其服務，以及當中包含的資訊。處理、儲存和傳達資訊的所有硬體和軟體或這些元素的任意組合所組成的資訊和通訊系統服務。

網路防禦維運／cyberoperations

網路安全工作，當中人員(1)為了減輕可能的或實時的威脅，因而展開收集有關犯罪或外國情報實體的證據的活動，(2)防止間諜或內部威脅、外國破壞、國際恐怖主義活動和／或(3)支持其他情報活動。

網路安全或資安／cybersecurity

保護資訊和通訊系統以及其中所包含的資訊免受損害以及遭到未經授權的使用、修改或利用的活動、過程、能力、才幹或狀態。這也與網路空間安全維護和網路空間抵禦營運的策略、政策和標準有關，其目的是降低威脅、減少弱點、威懾、國際參與、事件反應、彈性以及回復策略和活動，這包括電腦網路營運、資訊確保、執法、外交、軍事和情報任務等各種範圍的事物以及與全球資訊和通訊基礎架構的安全性和穩定性相關的一切。

網路空間／cyberspace

資訊技術基礎結構中相互依賴的網路，包括網際網路、電信網路，電腦系統以及嵌入式處理器和控制器。

資料外洩／data breach

未經授權將敏感資訊權轉移或洩露給沒有獲得擁有或查看授權該資訊的另一方，通常這一方不屬於該組織。相關術語：資料遺失、滲透。

資料完整性／data integrity

資料是完整且受信任的，沒有受到未經授權或意外的修改或破壞。

資料遺失／data loss

不慎或意外刪除數據、忘記資料儲存的位置或是暴露給未授權的一方所造成的結果。

防止資料遺失／data loss prevention

一套防止敏感資料離開安全邊界的過程和機制。

資料探勘／data mining

用於分析大量現有資訊，發現過去未知的模式或相關性的過程或技術。

解密／decryption

將加密文本轉換成原始文本的過程。將加密數據轉換回原始形式的過程，以便理解。同義詞：解碼（decoding）、破解（deciphering）。

阻斷式服務／denial of service, DoS

癱瘓或削弱資訊系統資源或服務授權使用的攻擊。

數位鑑識／digital forensics

出於調查目的所進行的收集、存留和分析與系統相關數據（數位證據）的過程和專用技術。同義詞：電腦鑑識、鑑識。

分散式阻斷服務／distributed denial of service, DDoS

一種使用多個系統同時發動攻擊的拒絕服務技術。

加密／encryption

將原始文轉換為加密文的過程。將數據轉換成未經授權的人不易理解的形式。

企業風險管理／enterprise risk management

一種全面的風險管理方法，涵蓋組織中的人員、流程和系統，以提高管理可能有礙組織實現其目標與決策品質的風險。這也可能涉及到判定任務對企業功能的依賴程度；識別和判定目前已確定之威脅引起風險的優先順序；落實對策以提供靜態風險狀態和主動威脅的有效動態因應；評估企業績效以應對威脅，並根據需要來調整因應對策。

事件／event

在資訊系統或網路中可觀察到的發生。可能是暗指一事故正在發生，或是至少有可能發生的疑慮。

外滲／exfiltration

從一資訊系統流傳出未經授權的資訊。

漏洞利用／exploit

一種違反安全規範，破壞網路或資訊系統安全的技術。

曝露／exposure

處於未受保護狀態，等同是允許攻擊者讀取資訊或使用功能，來進入系統或網路。

防火牆／firewall

限制網路和／或資訊系統間網路流量的功能。一套硬體／軟體設備或是軟體程式依照一組讀取規則來限制網路流量。

駭客／hacker

試圖獲得讀取一資訊系統的未經授權者。

雜湊／hashing

透過數學演算將一組資料處理成一組能夠代表它們的數值（或稱「雜湊值」）的過程。

身分認證和存取控管／identity and access management

用於管理使用者讀取特定物件的身分驗證和授權的方法和過程。

衝擊／impact

一行動的後果。

事故／incident

發生了實際上或潛在對資訊系統或該系統處理、儲存或傳輸資訊的不利影響或對其構成威脅的事件，而且可能需要採取因應措施以減輕後果。出現違反安全策略、安全程式或可接受使用策略的事件，或是有立即違反的可能性。

事故管理／incident management

與事故的實際或潛在發生相關活動的管理和協調，這事故可能對資訊或資訊系統造成不利影響。

事故因應／incident response

處理一事故的短期直接效應，也可能支持短期的回復活動。在資安工作中從事以下任務的人員：在相關領域內應對危機或緊急情況，以減輕當前和潛在的威脅；視需求採取減災回應、準備以及因應和回復方法，求得最多生命的生存、財產的保護和資訊安全。

工業控制系統／industrial control system

一個用於控制工業過程（例如製造、產品處理、生產和分配），或控制基礎結構資產的資訊系統。

資訊保險／information assurance

確保資訊和資訊系統的可用性、完整性和機密性的保護和防禦措施。

資訊科技／information technology

處理、傳送、接收或交換數據或資訊的任何設備或互連的系統或設備子系統。

內部威脅／insider threat

在組織內部違反安全策略，構成潛在風險的個人或一群人。能夠讀取或知悉公司、組織或企業的內部資訊的一人或多人，能夠利用此漏洞傷害此單位的安全性、系統、服務、產品或設施。

完整性／integrity

資訊、資訊系統或系統組件沒有受到未經授權的修改或破壞。在資訊的傳送、儲存和最終被接收的過程中，一直保持初始的不變狀態。

入侵／intrusion

繞過網路或資訊系統的安全機制，進行未經授權的行為。

入侵檢測／intrusion detection

分析來自網路和資訊系統的資訊，判定是否出現安全漏洞的過程和方法。

調查／investigation

使用數位鑑識和／或其他傳統的刑事調查技術，針對判定之威脅或事故展開系統性的正式調查，以確定發生之事故並收集證據。調查工具和手法包羅萬象，會以種種策略、技術和程式來進行資安工作，包括訪談和訊問技術、監視、反監視和監視偵測，並進行適當評估起訴與情報蒐集的益處。

鍵／key

用於控制密碼操作（例如解密，加密，簽名生成或簽名驗證）的數值。

鍵盤記錄器／keylogger

追蹤擊鍵和鍵盤打字的軟體或硬體，通常是資訊系統用戶用來進行監視操作。

密鑰對／key pair

公鑰及其相對應的私鑰。兩個在數學性質上相關的密鑰，將訊息以其中一個密鑰來加密後只能使用另一密鑰來解密。

惡意程式／malicious code

旨在執行未經授權的功能或過程的程式碼，將會對資訊系統的機密性、完整性或可用性產生不良影響。

惡意軟體／malware

執行未經授權的功能或過程來破壞系統運作的軟體。同義詞：惡意代碼、惡意程式、惡意邏輯。

減災回應／mitigation

採取一種或多種措施來減少意外發生的可能性，和／或減輕其後果。這也包括基於風險管理的優先順序和替代方案分析所實施的適當降低風險控制措施。

外部威脅／outsider threat

一組織外部的個人或一群人在未經授權的情況下可接觸到其資產，並對該組織及其資產構成潛在風險。

封包／packets

數據包或網路數據包，含有格式化的數據，透過網路傳送，通常包括控制端和終端用戶的資訊。當一網站一次接收到太多數據包時，可能會失衡，導致網站當掉，或是被惡意分子接管。

被動攻擊／passive attack

由一故意威脅來源發動的實際攻擊，試圖學習或使用系統中的資訊，但不會去更改系統及其資源、數據或操作。

密碼／password

一串字符（字母、數字和其他符號），用於身分或讀取授權的驗證。

穿透／penetration

入侵一網路或系統。

滲透測試／pen test

滲透測試（penetration testing）術語的口語化說法。

滲透測試／penetration testing

一種評估方法，評估者在一網路和／或資訊系統的安全功能中尋找漏洞，並嘗試規避。

個人身分資訊／personal identifying information (personally identifiable information)

可由此直接或間接推斷個人身分的資訊。

網路釣魚／phishing

社交工程的一種數位化形式，旨在欺騙個人之敏感資訊。

隱私／privacy

確保有關實體的某些資訊的機密性和讀取權得到保護的保證。個人對於他人使用其自身資訊的理解和掌控能力。

私鑰／private key

必須保密的一組密鑰，用於啟用非對稱密碼運算的操作。在一組獨特的非對稱密鑰組的祕密部分。

公鑰／public key

可以廣泛公布的密鑰，用於非對稱密碼演算法的操作。在一組獨特的非對稱密鑰組中的公共部分。

公開金鑰密碼學／public key cryptography

密碼學的一個分支，其中，密碼系統或演算法使用一組獨特的密鑰對：公鑰和私鑰。

復原／recovery

事故或事件之後的活動，短期和中期目標是恢復基本服務和運營，長期目標則是完全恢復所有功能。

紅隊／red team

獲得授權組織的一個小組，模擬潛在敵人的攻擊或漏洞利用的能力，以此來測試企業網路的安全性。

冗餘／redundancy

額外的，或是替代的系統、子系統、資產或是在另一個系統、子系統、資產或過程喪失或發生故障時，用以保持一定程度的整體功能。

韌性／resilience

適應變化的能力，並且做好承受破壞與迅速回復的準備。

因應／response

處理事故的短期直接影響，此活動也可能支持短期回復。

風險評估／risk assessment

收集資訊，為風險分級的產品或過程，其目的是在決定優先順序，發展或比較行動方案並將其納入決策過程。針對實體、資產、系統或網路、組織運營、個人、地理區域、其他組織或社會所面臨的風險進行評估，包括確定不利情況的損害程度，或是可能導致有害後果的事件。

風險管理／risk management

考量所採取的任何措施的相關成本和收益，進行確認、分析、評估和風險傳達，並且接受、避免、轉移或掌控到可接受程度的過程。可能的行動包括有：(1)執行風險評估計畫；(2)實施降低風險的策略；(3)持續監測風險；(4)建檔整個風險管理計畫。

管理者工具組惡意軟體／rootkit

一套具有管理者讀取權限等級的軟體工具組，安裝在資訊系統後會隱藏工具組的存在，維持讀取權限並且隱藏這些工具組所執行的活動。

安全計畫管理或計畫管理／security program management or project management

在組織內部、特定計畫或其他職責範圍內的資安管理工作，包括策略、人事、基礎設施、決策執行、緊急計畫、安全意識和其他資源。

簽名檔／signature

一種可識別的獨特模式。

情境意識／situational awareness

根據收集的資訊、觀察、分析、知識和／或經驗來了解當前和正在發展的安全狀況和風險資訊。在資安領域，這主要是為了解網路、系統、用戶和數據的可用性、機密性和完整性的當前狀態和安全狀態，並預測其未來狀態。

軟體保證／software assurance

軟體不會產生漏洞，並且可以按預期方式運作的信心程度，不論這些漏洞是刻意設計在軟體中，或是在其使用年限中的任何時刻無意插入的。

垃圾郵件／spam

濫用電子訊息傳遞系統，任意發送未經請求的批量訊息。

欺騙／spoofing

偽造傳輸的發送地址，獲得非法或未經授權的許可來進入安全系統。故意誘使用戶或有資源之人士採取錯誤的措施。假冒、偽裝、夾帶附送和仿造都是欺騙的形式。

間諜軟體／spyware

在系統用戶或所有者不知情的情況下，祕密安裝到資訊系統中的軟體。

供應鏈／supply chain

一套用於製造產品並將產品（包括產品組件和／或服務）從供應商轉移到客戶端的組織、人員、活動、資訊和資源組成的系統。

系統管理員／system administrator

負責安裝、配置、故障排除和維護伺服器設定（硬體和軟體）的人員，以確保其機密性、完整性和可用性。也管理帳戶、防火牆和修正程式，並負責讀取控制、密碼以及帳戶建立和管理。

沙盤推演／tabletop exercise

以討論為主的練習，讓人在教室中開會或分組討論，提出一場景給他們，來驗證規劃、程式、政策、合作協議或其他事故管理資訊的內容。

威脅／threat

一種情況或事件，顯示有可能會遭到漏洞攻擊，對組織運營、組織資產（包括資訊和資訊系統）、個人、其他組織或社會產生不利影響。可以是一人或一個團體，也可以是如國家、行動或事件之類的組織實體。

威脅行為者或惡意行為者／threat actor

進行，或有意進行有害活動的個人、團體、組織或政府。

威脅分析／threat analysis

對單一威脅的特徵進行詳細評估。資安工作包括判別和評估網路犯罪分子或外國情報實體的能力和活動，並將這些發現用來協助執法和反情報調查或活動的展開或持續支持。

威脅評估／threat assessment

判別或評估一實體、動作或事件，不論是自然還是人為的產品或過程，確定這是否有危害到個人生命、資訊、操作和／或財產的特性或可能性。

票證／ticket

在讀取控制中，對客戶端或服務的身分進行身分驗證的數據，加上一臨時加密密鑰，形成一憑證。

交通燈號協議／traffic light protocol

使用一組四種顏色（紅色、黃色、綠色和白色）的代號，用於確保敏感資訊僅分享給正確的受眾。

木馬程式／Trojan horse

一種看起來具有功能的電腦程式但當中卻隱藏有可能是進行惡意作為的功能，有時會利用調動作業系統實體程式的合法授權來逃避安全機制。

未經授權的讀取／unauthorized access

任何違反安全策略規定的讀取行為。

病毒／virus

一種可以複製自身的電腦程式，在未經用戶許可或不知情的狀況下感染電腦，然後傳播到另一台電腦。

脆弱性／vulnerability

使組織或資產容易受到任一威脅或危險所利用的特徵或特定弱點。

弱點／weakness

軟體碼、設計、系統結構或部署中的缺陷或不完善之處，在適當條件下可能會成為漏洞或導致其他漏洞。

白名單／whitelist

一份實體列表，涵蓋那些認為是可信任的，並授予讀取權限或特權。

蠕蟲／worm

一個能夠自我複製、自我傳播的獨立程式，透過網路機制來自行傳播。

附錄B　結語中歌詞釋義

NBS, John Curtiss, Math Lab, New Census
國家標準局、約翰・柯提斯、數學實驗室、新人口普查

一九〇一年，美國國會設立了國家標準局（National Bureau of Standard，ＮＢＳ），之後轉變為國家標準暨技術技術研究院（National Institute of Standards and Technology），負責建立全美的基本國家網路安全框架。在一九三〇年代和四〇年代，ＮＢＳ提出「數學表計畫」（math tables project），這是大蕭條時期美國總統羅斯福設置的公共事業振興署（Roosevelt's Works Projects Administration）下的一個部門，為當今的網路奠定了一些基礎數學。

約翰・柯提斯是「鹽礦計算」的先驅，提出一些與現代電腦運算相關的第一批演算法。

柯提斯協助設立應用數學實驗室（Applied Mathematics Laboratories），這成為日後美國能源部科學辦公室的應用數學部門。在這裡開發出美國最早的一些軟體和硬體。

在這第一批電腦運算應用中，有一項是美國在一九五一年進行的新人口普查（New Census），使用的是稱為UNIVAC的一種電腦資料庫的早期版本，一般公認這個資料庫是世界上第一台商用電腦。

Lanczos, Krylov, Hestenes and Steiefel
藍佐斯、克雷洛夫、赫斯騰司和史蒂菲爾

匈牙利人柯涅流斯・藍佐斯（Cornelius Lanczos）在五〇年代和六〇年代開發出電腦演算法的幾種新用途，以及讓我們得以放大和縮小數位圖像和影片的數學技術。

藍佐斯發展出其中一種方法，稱為克雷洛夫（Krylov），是他與馬格努斯・赫斯騰司（Magnus Hestenes）和愛德華・史蒂菲爾（Eduard Stiefel）在五〇年代之間合作發展出來的。克雷洛夫演算法之所以稱為世紀演算法，是因為由此產生讓電腦得以達到篩選資訊規模的基礎要素。

SEAC, UNIVAC, FBI and Fingerprints
標準東部自動電腦、UNIVAC資料庫、FBI與指紋

SEAC，即標準東部自動電腦（Standards Eastern Automatic Computer）的縮寫，是第一批可以遠端讀取的電腦，是一九六四年為政府使用而創造出來的。

大約是同一時期，FBI開始使用早期的電腦技術來將他們的指紋（Fingerprints）資料庫數位化。

Brooks Act, MAGIC Facts, Churchill Eisenhart
布魯克斯法案、MAGIC終端機的事實、丘吉爾・艾森哈特

一九六四年，《布魯克斯法案》（*Brooks Act*）建立起自動數據處理標準，聯邦政府啟動了第一個MAGIC終端機，這是最早使用圖形顯示資訊的電腦之一。美國統計工程實驗室的數學家兼負責人丘吉爾・艾森哈特（Churchill Eisenhart）大力鼓吹聯邦政府支持「扎實的數學分析，〔而〕不是昂貴的實驗」。

FIPS 1, CST, Railroad Club at MIT

聯邦資訊處理標準、電腦科學與技術實驗室、麻省理工的鐵路俱樂部

聯邦資訊處理標準（Federal Information Processing Standards，簡稱ＦＩＰＳ）的第一個版本於一九六八年發布，隨後在整個七〇年代提出了幾種有關加密和資料安全的標準，成為二十一世紀資安領域的基礎。

ＣＳＴ可能是指電腦科學與技術實驗室（Computer Sciences and Technology Lab）。在它早期發表的報告中，有一篇是一九七八年的「有效使用電腦技術進行票務統計」（Effective Use of Computer Technology in Vote-Tallying），強調以電腦點票的準確性和安全掌控。

一九四六年在美國麻省理工學院（ＭＩＴ）成立的科技型鐵路俱樂部（Tech Model Railroad Club）成為七〇和八〇年代初期早期駭客活動的溫床，源自於一批鐵路模型愛好者對使火車運行的「訊號和電源」的回路與開關的興趣。這個團體早在四〇年代就以目前的用法在使用「駭客」一詞。

Vote Counts, Jargon File, Linux Kernel One
電子投票、術語文件、林納斯內核

電子投票在美國的歷史很長，可一路追溯到六〇年代。八〇年代，有幾個州對傳統的打孔票卡系統感到不信任，開始偏向以電子讀卡機來計算票證和打孔選票。

術語文件（Jargon File）是史坦福大學在七〇年代中期首先發展出來的駭客行話記錄。當中記錄了資安通俗術語的歷史和發展。第一個林納斯內核（Linux Kernel One）〇・〇一版是林納斯・托瓦茲（Linus Torvalds）於一九九一年發布的，是一種開放源電腦程式碼。

Bill Joy, Larry Wall, Linus, Guido Van Rossum
比爾・喬伊、賴瑞・沃爾、林納斯、吉多・范羅蘇姆

比爾・喬伊（Bill Joy）於一九八二年與他人共同創立 Sun Microsystems 這間早期的電腦公司。大約在同一時間，賴瑞・沃爾（Larry Wall）正在開發一種有影響力的電腦程式語言 PERL。之前提到的林納斯・托瓦茲和吉多・范羅蘇姆（Guido Van Rossum）開發了 PYTHON 編程語言，這是當今最受歡迎的程式語言之一。

Captain Crunch, Ma Bell, Twenty-Six Hundred

嘎吱隊長、貝爾大媽、二六〇〇

約翰．德拉普（John Draper），又名嘎吱隊長（Captain Crunch），是早期一位深具影響力的駭客，是電話怪客（Phone Phreaks）這個組織鬆散團體的一員，因為他們是透過電話線侵入各種組織，尤其是貝爾電話公司（Bell Telephone Company），俗稱「貝爾大媽」（Ma Bell）的電話線路。二六〇〇（Twenty-Six Hundred）曾是專門針對怪客和其他早期駭客的雜誌，當中詳細描述要如何完成各種惡意活動。成立於一九八四年，雜誌名稱是指二六〇〇赫茲這個頻率，駭客發現可以用附在嘎吱隊長穀片盒中的玩具哨子來複製出這個頻率。

附錄C　資料來源

本書中的觀察和結論是來自非機密的開放資訊、我個人的觀察以及我對聲稱了解特定事件的個人採訪。本書中沒有任何資訊涉及機密情報。

序言至第五章

Seleznev, Roman. (2017, April 21). "Roman Seleznev Letter." *The New York Times*. https://www.nytimes.com/interactive/2017/04/21/technology/document-Seleznev-Letter.html

U.S. Attorney's Office for the Northern District of Georgia. (2017, May 19). "Convicted Russian Cyber Criminal Roman Seleznev Faces Charges in Atlanta." https://www.justice.gov/usao-ndga/pr/convicted-russian-cyber-criminal-roman-seleznev-faces-charges-atlanta.

第六章至第十章

Bhattacharjee, Yudhijit. (2011, January 31). “How a Remote Town in Romania Has Become Cybercrime Central.” *Wired.* https://www.wired.com/2011/01/ff-hackerville-romania/ .

Carr, Jeffrey. (2011). *Inside Cyber Warfare: Mapping the Cyber Underworld.* Sebastopol, CA: O’Reilly Media.

Healey, Jason. (2013). *A Fierce Domain: Conflicts in Cyberspace 1986 to 2012*. Cyber Conflict Studies Association.

Hinsley, F. H. (1979). *British Intelligence in the Second World War: Its Influence on Strategy and Operations*. London: Stationary Office Books.

Mandiant/FireEye. (2013). “APT1: Exposing One of China’s Cyber Espionage Units.” https://www.fireeye.com/content/dam/fireeye-www/services/pdfs/mandiant-apt1-report.pdf.

Usdin, Steven T. (2005). *Engineering Communism: How Two Americans Spied for Stalin and Founded the Soviet Silicon Valley*. Binghamton, NY: Vale-Ballou Press.

第十一至十六章

Department of Justice. (2017, November 27). "U.S. Charges Three Chinese Hackers Who Work at Internet Security Firm for Hacking Three Corporations for Commercial Advantage." https://www.justice.gov/opa/pr/us-charges-three-chinese-hackers-who-work-internet-security-firm-hacking-three-corporations.

Department of Justice. (2014, May 19). "U.S. Charges Five Chinese Military Hackers for Cyber Espionage Against U.S. Corporations and a Labor Organization for Commercial Advantage: First Time Criminal Charges Are Filed Against Known State Actors for Hacking." https://www.justice.gov/opa/pr/us-charges-five-chinese-military-hackers-cyber-espionage-against-us-corporations-and-labor.

Trustwave. (2017). "Post-Soviet Bank Heists: A Hybrid Cybercrime Study." https://www2.trustwave.com/Post-Soviet-Bank-Heists-Report.html.

Wang, Helen. (2004). *Money on the Silk Road: The Evidence from Eastern Central Asia to c. AD 800*. London: British Museum Press.

Whitfield, Susan. (2018). *Silk, Slaves and Stupas: Material Culture of the Silk Road*. Oakland, CA:

University of California Press.

第十七章至結語

Department of Justice. (2018, July 13). "Grand Jury Indicts 12 Russian Intelligence Officers for Hacking Offenses Related to the 2016 Election."https://www.justice.gov/opa/pr/grand-jury-indicts-12-russian-intelligence-officers-hacking-offenses-related-2016-election.

Department of Justice. (2015, October 15). "ISIL-Linked Hacker Arrested in Malaysia on U.S. Charges (with complaint)." https://www.justice.gov/opa/pr/isil-linked-hacker-arrested-malaysia-us-charges .

Hadnagy, Christopher. (2018). *Social Engineering: The Science of Human Hacking*. Indianapolis, IN: Wiley.

Næringslivets Sikkerhetsråd. (2016, September). "Norwegian Computer Crime and Data Breach Survey 2016. Mørketallundersøkelsen 2016." https://www.nsr-org.no/getfile.php/Bilder/M%C3%B8rketallsunders%C3%B8kelsen/morketallsundersokelsen_2016_eng.pdf.

National Institute for Standards in Technology. (Created October 12, 2010; Updated August 27,

2018). "ITL History Timeline 1950–2018." https://www.nist.gov/itl/about-itl/itl-history-timeline.

U.S. Attorney's Office for the Southern District of New York. (2015, November 10). Attorney General and Manhattan U.S. Attorney Announce Charges Stemming from Massive Network Intrusions at U.S. Financial Institutions, U.S. Brokerage Firms, a Major News Publication, and Other Companies."
https://www.justice.gov/usao-sdny/pr/attorney-general-and-manhattan-us-attorney-announce-charges-stemming-massive-network

後記

感謝你抽出寶貴時間來閱讀本書。

原先我並沒有打算要寫一本書，尤其是在我加入資安領域的工作後。我想要離開我那短暫而年輕的記者歲月，去做些真正的事情。而我真的做到了。

正如我在本書一開頭所寫的，那時我注意到在許多報導的敘事中，人們已逐漸接受各種科技的漏洞，有安全的，也有不安全的，以及真正在當中工作的人，甚或是領導其中的各個部分。

過去到底發生了什麼？

在為《華爾街日報》工作後，多數時候我都被禁止使用匿名消息來源，這是一件好事，可以加強新聞報導。但這也意味著與我交談的大多數人永遠不會看到他們的名字或化名被印出來。

這本書讓我有足夠的彈性來講述這個頗富爭議性的故事，或是透過經歷這些事件者的眼睛來觀看。我承認這些人未必總是說實話。我父親是一位海軍獸醫，他曾經說過水手都有誇大其詞的傾向，在本書中，我們也是透過在波濤洶湧的數位海洋上的水手眼睛來探索這個世界。

你可能也注意到，我還虛構了一些地名，例如在羅馬尼亞其實並沒有雅尼卡瓦爾卡這個地方，但我也保留了一些實際的地點。在某些情況下，以虛構的地點或公司是唯一能夠把故事講清楚的適當方法，這樣我才能確定有保護我的消息來源和其他無辜者的身分。

為什麼有必要寫這本書？

目前有一些安全專家預測這是「網路影響力的世界杯」，當然，這是另一個謊言。美國的選舉委員員早就把地方選舉搞得烏煙瘴氣，根本不需要俄羅斯的人才來干擾。只是在一連串可怕的預言中，我們會轉入一個迄今為止從未想像過的末日情境。

認為目前的我們生活在一個陌生且截然不同時代的想法很危險，之所以危險主要基於三個原因：第一，這不公平地否定了歷史和歷史學家的角色，好像是在說目前所面對的這個新威脅讓迄今所累積的一切知識都顯得毫無意義。第二，這等於是給政府、公司和機構一個他們不應該得到的出路，有藉口說事情變得難以理解和麻煩，因此不能指望他們有辦法來處理。第三，這讓世人感到無助，彷彿他們無法了解安全性的問題或威脅，也無法進行任何處理或發表意見，因為這一切都太過新奇且令人恐懼，要掌握它根本是白費工夫。

若是要我說讀本書會有什麼樣的收穫，那就是在日常生活中會更有能力來做決定，得以維護自己的最佳個人隱私。讀者也會感到有權力要求政府、媒體和機構對自己的工作負責，並為他們提供及時、準確和可操作的資訊。

最重要的是，我希望世人能開始將現在發生的資安事件看成是經過數十年所積累下來的侵蝕，而不是突然之間的土石流，瞬間就讓我們腳下的一切消失。而且，確實有阻止侵蝕的方法。

謝辭

首先，最重要的是，我要感謝 St. Martin's Press的Elisabeth Dyssegaard 以 Foundry Literary Media 的 Peter McGuigan 及其所有員工，給我這個新手作家一個機會，對我來說這真的意義非凡，謝謝。

感謝支持我成為一個稱職記者的人：CNBC的 Matt Rossff、Jeff McCracken、Mike Calia、Mary Duffy、Elisabeth Cordova、Lauren Hirsch，以及 Steve Kovach；《華爾街日報》（*The Wall Street Journal*）的 Ben DiPietro、Nick Elliott、Rob Sloan、Will Wilkinson，以及 Kim Nash；還有 Ken Clark、Allan Ripp、John Garger 和 Paul Comstock。

我要感謝幾個在我寫這本書的期間，在我職業生涯的早期以及嘗試摸索時，給予莫大支持的人，少了他們我是不可能寫完這本書的：Judith Pinto、Jennifer Flores、Jamal Raghei和Britt-Louise Gilder；Seth Kaufman、Elena Tisnovsky、Victoria 和 Justin Meyer、

Amy Edelstein、Frederic Lemieux、Susanne Gutermuth、Ida Piasevoli、Ang Johnson、Steven Greene、Pete Cavicchia、Anish Bhimani、Michael Spadea、Marc Loewenthal、Mike Joseph 和 Earl Crane。

本書的資訊有很多匿名來源，我無法在這裡一一列出，但我還是想在此感謝：謝謝你們承擔這個風險，告訴我你的故事。

另外我要感謝皇后區和新里程碑幼兒園的 Belcastro 夫人、Kristy 小姐以及 PS 002 的所有工作人員和老師，謝謝你們對我孩子們令人難以置信的付出。

致皇后區阿斯托里亞波爾圖貝洛餐廳的所有員工，感謝你們耐心與順暢的 Wi-Fi。

感謝所有使我生活變得更好的老師，尤其是 Tim Henige、Paul McClintock、Tim Rice和 Cindy Polles。

當然，還要感謝爸爸媽媽和姐姐 Ann，謝謝他們對我的付出與長久的支持。

next 291

禍駭：網路犯罪世界的第一手紀實

Kingdom of lies: unnerving adventures in the world of cybercrime

作者	凱特・法茲尼（Kate Fazzini）
譯者	王惟芬
主編	王育涵
責任編輯	王育涵
責任企畫	林進韋
封面設計	謝捲子
內頁設計	張靜怡
總編輯	胡金倫
董事長	趙政岷
出版者	時報文化出版企業股份有限公司
	108019 臺北市和平西路三段 240 號 7 樓
	發行專線｜ 02-2306-6842
	讀者服務專線｜ 0800-231-705 ｜ 02-2304-7103
	讀者服務傳真｜ 02-2302-7844
	郵撥｜ 1934-4724 時報文化出版公司
	信箱｜ 10899 臺北華江郵政第 99 號信箱
時報悅讀網	www.readingtimes.com.tw
人文科學線臉書	http://www.facebook.com/jinbunkagaku
法律顧問	理律法律事務所｜陳長文律師、李念祖律師
印刷	紘億印刷有限公司
初版一刷	2021 年 6 月 11 日
定價	新臺幣 400 元

時報文化出版公司成立於一九七五年，並於一九九九年股票上櫃公開發行，於二〇〇八年脫離中時集團非屬旺中，以「尊重智慧與創意的文化事業」為信念。

ISBN 978-957-13-8955-4 ｜ Printed in Taiwan

禍駭：網路犯罪世界的第一手紀實／凱特・法茲尼著；王惟芬譯.
-- 初版. -- 臺北市：時報文化, 2021.06 ｜ 288 面；14.8×21 公分.
譯自：Kingdom of lies: unnerving adventures in the world of cybercrime
ISBN 978-957-13-8955-4（平裝）｜ 1. 電腦犯罪　2. 資訊安全｜ 548.546 ｜ 110006526